A Giuseppina, Anna Stella e Maria Teresa
che mi ricordano ogni giorno che tutto è possibile

Nunzio Ciullo

IL PAPA ERETICO
IN UN TRATTATO INQUISITORIALE
(sec. XVI)

COLLANA

ΙΣΤΟΡΙΑ

VIII

Revisione del testo a cura di

Lorena Caccamo
sito: servizieditorialiloreca.wordpress.com
email: loreservizieditoriali@gmail.com

Seconda edizione

Sede legale: via degli Imbimbo 8/E
Sede operativa: via Luigi Amabile 42
83100 Avellino
tel. 340/6862179
e-mail: terebinto.edizioni@gmail.com
www.ilterebintoedizioni.it

INDICE

“Se sapessimo esattamente quel che stiamo facendo,
non si chiamerebbe ricerca”
(Albert Einstein)

PREFAZIONE

Quando Nunzio Ciullo mi ha chiesto di scrivere la prefazione alla seconda edizione del suo libro *L'Eresia del Papa – in un trattato inquisitoriale* ho subito accettato con entusiasmo. Avevo letto il volume appena dopo la sua pubblicazione e la richiesta della stesura di questa introduzione da parte dell'autore (che mi ha reso onorata e felice allo stesso tempo) meritava una nuova immersione nella lettura di questo saggio.

Come sovente accade in questi casi, riprendere tra le mani un libro già letto consente di evidenziare passaggi ed elementi che prima non erano emersi e non poteva essere diversamente, del resto: solo "occhi nuovi" e un rinnovato approfondimento sono in grado di accendere luci, sottolineare aspetti inediti fino a quel momento. Come è accaduto la prima volta, anche la seconda analisi del testo, ritrovarsi a contatto con le pagine di Ciullo, rinnova il piacere per l'accuratezza dell'analisi e il rigore dello stile, una *reductio ad unum* dello storico del diritto che non è altro che la conferma di quanto già avevo avuto modo di sperimentare, conoscere e apprezzare negli anni di liceo che abbiamo condiviso.

Su tutte le considerazioni emerse, una in particolare vorrei condividere e riguarda la stringente attualità del tema scelto dall'autore. Intellettuali, studiosi e teologi dei secoli passati si sono – giustamente – interrogati sull'ipotesi di un Papa eretico, sia in riferimento alla sua duplice veste di uomo e di vicario di Cristo, sia in riferimento al dogma dell'infallibilità pontificia. Per quei tempi era una *quaestio* tutt'altro che secondaria: pensiamo *in primis* al ruolo della Chiesa nella vita politica dello scacchiere delle potenze europee e, in secondo luogo, all'influenza nelle esistenze di ogni individuo cattolico e battezzato. Dunque si trattava di un tema più che legittimo da indagare e da approfondire, "l'infallibilità" di chi governa, di chi prende decisioni, dell'autorità, detto in poche parole. Malgrado la distanza tra il Papa e i suoi fedeli fosse siderale, era quello un dibattito che necessitava di assoluta attenzione perché funzionale all'attività della Chiesa nel suo insieme.

Ritengo che questo sia un interrogativo, seppur mutato e aggiornato ai giorni nostri e alle istanze del presente, che accompagni tuttora il rapporto tra chi governa e chi è governato, declinato oggi in modi e termini non sempre particolarmente nobili ed elevati. E cioè *mutatis mutandis*, chi detiene il potere, nelle diverse forme in cui esso si esplica, è davvero "infallibile"? In fondo, in virtù di quali capacità, abilità – umane o spirituali – agisce, decide, decreta, consiglia, opera?

Siamo nell'epoca delle democrazie che ci hanno consegnato nuovi modelli e strutture, oltre che una maturata consapevolezza da cittadini e non più da sudditi. In virtù di un'elezione (chiaramente non in tutti i casi, nel nostro ordinamento, come ben sappiamo e conosciamo), i nostri rappresentanti amministrano ed esercitano ruoli e poteri a vario titolo. A questo punto il libro di Ciullo, al netto della sua attenta speculazione, mi fornisce la suggestione con cui concludere queste righe: l'investitura che conferiamo in quanto elettori ai nostri rappresentanti conferisce loro un "crisma" di perfezione e di efficacia? Come gli studiosi e gli intellettuali dei secoli passati, anche noi abitanti del Terzo Millennio ci interroghiamo sul nostro rapporto con chi detiene il potere? Lo giudichiamo – spesso perché ci viene più facile – ma saremmo in grado di agire e di intervenire per valutarne le dinamiche non aprioristicamente?

La riflessione di Ciullo, a mio parere, ci porta in questa direzione: la destrutturazione e la "rottamazione" del rapporto con i nostri rappresentanti – a cui abbiamo assistito negli ultimi anni – hanno portato questa consapevolezza alle estreme conseguenze, spianando la strada anche a slogan dal sapore populistico che provavano a equiparare tutti indistintamente e impropriamente, senza tener conto di competenze o studi pregressi. Eppure quando eleggiamo i nostri rappresentanti o pensiamo a chi ci governa vogliamo ingenuamente credere in un'aura di capacità e abilità fuori dal normale, proviamo a riporre tutta la nostra fiducia e le speranze che costituiscono – in fondo – la stessa fondamentale ragione per cui riflettere molto attentamente e profondamente quando si entra nel segreto della cabina elettorale. Vogliamo crederci perché, oggi come in passato, nutriamo lo stesso atavico bisogno di sicurezza che appartiene all'umanità.

Enza A. Moscaritolo
(giornalista e formatrice)

INTRODUZIONE

La storiografia medioevale pone spesso al centro del dibattito canonico-giuridico il tema dell'eresia. Tema che ha interessato l'autore del testo già nelle sue prime pubblicazioni, vedi *Dizionario di eretici, dissidenti e inquisitori nel mondo mediterraneo***.**

Il termine eresia deriva dal greco αΐρεσις, haìresis che a sua volta deriva dal verbo αἱρέω, hairèō che significa scegliere. Comunemente per eresia si intende una dottrina contraria a una verità di fede. Gli eretici medievali non volevano separarsi dalla Chiesa ma volevano che essa tornasse alla purezza delle origini. I movimenti ereticali si svilupparono come contrapposizione alla corruzione del clero e come forma di ribellione a una società governata dalla borghesia e dalla spasmodica ricerca della ricchezza, opponendosi ai dogmi della chiesa cattolica, ai sacerdoti e ai sacramenti. La diffusione delle eresie in Italia e in Francia comportò la nascita nel 1231 dei Tribunali dell'Inquisizione da parte della Chiesa: furono stabilite delle regole per gli interrogatori e l'uso della tortura come mezzo per ottenere informazioni o confessioni. Non solo si perseguitavano gli eretici ma anche i sacrileghi, gli scismatici e gli stregoni.

L'esempio più importante è proprio quello della *caccia alle streghe* in cui un numero non ben definito di donne vennero torturate e uccise o messe al rogo.

Il primo tribunale inquisitorio, che era stato istituito da Papa Lucio III e supportato da Federico Barbarossa durante il Concilio di Verona del 1184, venne poi perfezionato dai Papi che lo seguirono per cercare di reprimere il primo movimento eretico che stava iniziando a mettere in discussione la fede cattolica: il movimento cataro, il quale si era sviluppato nella Francia Meridionale e nell'Italia Settentrionale.

L'Inquisizione Spagnola e quella Portoghese, le più famigerate e le più cruente, erano richieste dai monarchi iberici e da loro affidate a inquisitori generali, vedi Torquemada, che venivano confermati dal Papa per potersi assicurare la conversione dei musulmani e degli ebrei al Cristianesimo durante la loro espansione coloniale; mentre il Santo Uffizio, ovvero il tribunale dell'inquisizione italiana, consisteva di un collegio permanente di cardinali e altri prelati dipendente direttamente dal Papa: il suo compito esplicito era mantenere e difendere l'integrità della fede, esaminare e proscrivere gli errori e le false dottrine, fu promosso dal pontefice Paolo III nel 1542 per tentare di contrastare l'espansione della riforma protestante con l'emanazione della bolla papale "Licet ab initio".

L'autorità dell'Inquisizione, in materia di fede, si estendeva

> sopra qualunque persona di qualunque grado, condizione e dignità, ossia vescovi, magistrati, comunità, né vi ha privilegio personale o locale ch'esenti dalla di lui giurisdizione:

i magistrati e i giudici erano tenuti a eseguire i suoi decreti, sotto pena di scomunica ma non c'è nessun caso storico di perdita del pontificato da parte di un Papa, a causa di eresia o di presunta eresia.

Molte furono le vittime dell'Inquisizione: Giordano Bruno, Galileo Galilei, Cecco d'Ascoli, Giovanna d'Arco, Pierre De Bruys e Fra Dolcino solo per citarne alcuni. Il caso più enigmatico è proprio quello riguardante Galileo Galilei. Nell'immaginario collettivo, a cui ha fortemente contribuito il film *Galileo* di Liliana Cavani del 1968, la figura di Galileo è quella di un uomo sconfitto, schernito dal popolo, in groppa a un asino con l'abitello degli eretici e la mitra di cartone. Eretico o codardo? Le musiche di Ennio Morricone ne sanciscono comunque la condanna. Ma la sua figura è molto più controversa di quanto non emerga dal film o dal testo teatrale di Bertolt Brecht *Vita di Galileo* del 1938-1939. A salvarlo dal rogo è proprio il suo inquisitore, il Cardinale Roberto Bellarmino, poi proclamato Santo, che scrisse di suo pugno che Galilei non è eretico ma che le sue tesi andavano in quella direzione e lo scienziato fu prigioniero a vita. Certo fu costretto all'abiura e condannato alla distruzione dei suoi libri ma le sue teorie sono sopravvissute contribuendo alla nascita del metodo scientifico e al propagarsi della teoria eliocentrica.

C'è stato un tentativo di riabilitazione da parte di Giovanni Paolo II con l'enciclica *Mea culpa* del 2000 e successivamente anche con Benedetto XVI ma non c'è stato un vero riconoscimento delle teorie galileiane.

Di particolare interesse è la pubblicazione di Pietro Redondi del *Galileo eretico* del 1983 che lascia intravedere la possibilità che l'accusa di eresia di Galileo fosse di atomismo e non di copernicanesimo. D'altra parte la teoria copernicana mette al centro il sole mentre l'atomismo galileiano mette al centro la teoria corpuscolare della luce e questo avrebbe rappresentato una minaccia ancora più grande per la Chiesa del Seicento.

Ma come scrisse Oscar Wilde: «Chi dice la verità sa che prima o poi viene scoperto di fronte ai progressi e alle scoperte della scienza» e noi siamo grati al contributo di idee di Galileo. Anche Francesco d'Assisi aveva messo il sole, simbolo della luce divina, come unica fonte della vita sulla terra e lo aveva celebrato nel suo Cantico delle Creature, contrapponendosi politicamente alla tesi di Innocenzo III che affermava che solo il Papa poteva paragonarsi al sole.

Egli, ispirandosi al Vangelo, aveva redatto la sua prima Regola non bollata del 1221, in cui prevedeva l'uguaglianza di tutti i frati, privati di ogni potere e dominio. Nessuno poteva prevalere sugli altri. La sua comunità non prevedeva un "Priore". I frati dovevano vivere in povertà assoluta, chiedendo l'elemosina o lavorando per una remunerazione, non in danaro ma esclusivamente in natura. Le uniche cose che i frati potevano possedere erano il saio e il cibo.

Queste posizioni potevano rasentare l'eresia e molti tentarono di intimidirlo ma il suo animo mistico e pacifista, la sua umiltà, la sua rassegnazione lo preservarono dalla condanna e, solo due anni dopo la sua morte, la Chiesa – visto il grande seguito e il grande consenso che lo circondava – preferì proclamarlo Santo.

La visione pauperistica del poverello d'Assisi e l'amore per la natura sembra essere stata sposata appieno da Papa Francesco che ha dato una nuova impronta alla Storia del Papato e forse anche per questo viene accusato di eresia.

I suoi detrattori lo accusano di aver predicato sette proposizioni eretiche relative al matrimonio, all'adulterio e in generale alla morale sessuale.

Prima proposizione. Se hai la grazia che ti giustifica, che ti salva, puoi però non avere la forza di rispettare i comandamenti, la legge divina, perché la grazia da sola, in un individuo, non ha invariabilmente e per sua natura la forza sufficiente a produrre la sua conversione da seri peccati.

*Seconda proposizione***.** Un credente cristiano può conoscere la legge e volontariamente violarla in questione seria, senza per questo risultare in peccato mortale.

Terza proposizione. Ubbidendo alla legge, è possibile che una persona pecchi contro Dio in virtù di quella stessa obbedienza.

Quarta proposizione. In coscienza puoi giudicare come moralmente giusto, o perfino comandato da Dio, un insieme di atti sessuali tra persone che sono civilmente sposate, nonostante una di loro o entrambi siano sacramentalmente sposate con altra persona.

Quinta proposizione. È falso che gli unici atti sessuali moralmente giusti siano quelli tra marito e moglie.

Sesta proposizione. La legge divina e naturale non detta proibizioni assolute in relazione a certi tipi di azione che sono intrinsecamente trasgressive per il loro stesso oggetto.

Settima e ultima proposizione. Dio non solo permette ma vuole che esistano un pluralismo e una diversità delle religioni, cristiane e non cristiane.

La sua figura controcorrente, le sue idee, le sue scelte non sempre condivise vengono fatte oggetto di accuse e una nuova Inquisizione sembra pronta a entrare in azione.

Ma l'umiltà evangelica che contraddistingue Papa Francesco e che lo accomuna al poverello di Assisi gli suggerisce le tesi poi sviluppate nei suoi libri *Amoris Laetitia* sulla bellezza e la gioia dell'amore nella famiglia e in *Chi sono io per giudicare?* riferendosi al mondo dei gay e il popolo di Dio non ne ravvisa lo scandalo eretico.

Nei libretti del *Tractatus de haeresi*, cui l'autore fa riferimento, in questo trattato, si prende in considerazione l'ipotesi di un Papa eretico, nella storia del Papato, nella sua duplice veste di uomo e di vicario di Cristo e rispetto al dogma dell'infallibilità pontificia.

L'autore si sofferma sulla figura del Papa eretico, come mera possibilità, ipotesi a cui anche San Bellarmino aveva aderito e ne fa il suo oggetto di studio con riferimento a questa trattazione inquisitoriale e agli esiti dei Concili Vaticani.

Prof.ssa CARMEN TALIA
(Docente di Matematica e Fisica nei Licei)

IL PAPA ERETICO IN UN TRATTATO INQUISITORIALE

PREMESSA

Crisi della stagione conciliarista e primato del Vescovo di Roma

Il passaggio dal Medioevo all'età moderna è caratterizzato da importanti processi di trasformazione negli assetti istituzionali. Sul piano del potere spirituale, ciò si manifesta con un progressivo trasferimento di funzioni dalle chiese locali alla Chiesa romana; in particolare, si assiste a un'irresistibile ascesa del ruolo del papato nella gestione di poteri prima attribuiti anche all'episcopato. Questa evoluzione avviene in sostanziale antitesi rispetto alla dimensione sinodale, che aveva pervaso il funzionamento dell'istituzione ecclesiastica lungo l'Alto Medioevo; il meccanismo assembleare dei concili (quali fonti di discussione e ratifica di dogmi o verità di Fede cristiane), alla cui riunione era di fondamentale importanza la presenza dei vescovi, conosce un graduale declino.

Tale cambiamento si muove di pari passo con la reazione della Chiesa al movimento di Riforma protestante (che va – appunto – sotto il nome di Controriforma cattolica), reazione volta ad arginare la corruzione interna e il crescente fenomeno delle eresie[1]. La concentrazione dei poteri nelle

[1] Sulla lotta alle eresie e le guerre di religione sono stati spesi fiumi di inchiostro da una letteratura che, soprattutto verso la metà degli anni '70 del secolo scorso, si è orientata in senso critico nei confronti di quella stagione. Una lettura più attenta e, in un certo senso, revisionistica del fenomeno si riscontra negli studi di Paolo Prodi, che ha dedicato parte delle sue ricerche all'approfondimento critico di questo tema. Si veda,

mani del Pontefice romano, in questa fase, risponde anche all'esigenza di frenare processi disgregativi in atto e tutelare l'integrità della Chiesa, difendendola da possibili attacchi esterni. In questa cornice, si spiega la nascita dell'Inquisizione romana, sorta a emulazione di quella spagnola al fine di preservare l'ortodossia cattolica.

Genesi dei 'Tractatus Vniuersi Iuris'

Un aspetto decisivo della Controriforma è anche la promulgazione di liste di libri proibiti, elencanti opere e autori banditi dalla lettura ma anche dal semplice possesso[2]. Detto meccanismo raggiunge il suo apice verso la metà del XVI secolo, soprattutto a partire dagli anni successivi al Concilio di Trento (1545-1563)[3], segno dell'effettivo intento di ricompattare la Chiesa, rinnovandola nelle sue fondamenta. Infatti, nonostante la fortuna del genere letterario del *tractatus*, che dalle prime decadi del XVI secolo fino alla sua metà conosce una straordinaria diffusione e commercializzazione (grazie a

---

in proposito: P. Prodi, *Una storia della giustizia: dal pluralismo dei fori al moderno dualismo tra coscienza e diritto*, Il Mulino, Bologna, 2000.

[2] Per una dettagliata ricostruzione del fenomeno, specialmente con riguardo alla trattatistica giuridica della metà del Cinquecento, si veda soprattutto G. Colli, *Per una bibliografia dei trattati giuridici pubblicati nel XVI secolo.* II: *Bibliografia delle raccolte. Indici dei trattati non compresi nei Tractatus Vniuersi Iuris*, Viella, Roma, 2004 (Ius nostrum, 28), p. 27.

[3] Cfr. G. Colli, *Le edizioni dell'*Index librorum omnium iuris civilis et pontificii *di Giovanni Battista Ziletti. Sulle tracce dei libri giuridici proibiti nella seconda metà del XVI sec.* in *Manoscritti, editoria e biblioteche dal medioevo all'età contemporanea. Studi offerti a Domenico Maffei per il suo ottantesimo compleanno*, a cura di M. Ascheri, G. Colli, con la collaborazione di P. Maffei, Roma nel Rinascimento, Roma, 2006, p. 207.

compagnie editoriali di Lione e Venezia), solo una minima parte dei Trattati giuridici pubblicati fino al 1550 è pervenuta a noi; il motivo, probabilmente, è da rinvenire nell'attività di espurgazione realizzata dalla Chiesa romana[4].

L'effetto più rilevante di quest'attività, nell'ambito della trattatistica giuridica edita nel Cinquecento, è rappresentato dall'omissione nei *Tractatus Vniuersi Iuris* (pubblicati a Venezia tra il 1584 e il 1586 dalla Societas Aquilae Renovantis o "Compagnia dell'Aquila") di un gran numero dei trattati già pubblicati nelle precedenti raccolte lionesi e veneziane[5]. Questa monumentale raccolta, attuata da Francesco Ziletti, è voluta da Gregorio XIII al fine di salvaguardare l'ortodossia cattolica ma, allo stesso tempo, con la preoccupazione di offrire al mondo dei giuristi un adeguato strumentario con cui poter operare[6]; tale grande compilazione, sorta di *summa* della trattatistica di diritto comune, annovera anche il contributo di Francisco Pena nell'aggiornamento di alcuni degli scritti ristampati nella seconda parte dell'undicesimo tomo dei *Tractatus Vniuersi Iuris*[7].

---

4 Per questi rilievi si rimanda all'analisi di G. Colli, *Per una bibliografia dei trattati giuridici pubblicati nel XVI secolo II: Bibliografia delle raccolte. Indici dei trattati non compresi nei Tractatus Vniuersi Iuris*, *cit.*, pp. 64-81.

5 Cfr. G. Colli, *Per una bibliografia*, *cit.*, (vd. nota 2), p. 30.

6 Si ricordi che papa Ugo Boncompagni era giurista colto e, prima di intraprendere la carriera ecclesiastica, professore di diritto civile all'Università di Bologna. Al riguardo, cfr. A. Borromeo, *Gregorio XIII* in *Enciclopedia dei papi* 3: Innocenzo VIII-Giovanni Paolo II, Istituto della Enciclopedia Italiana, Roma, 2000, pp. 180-202.

7 Secondo una puntuale ricostruzione operata da Andrea Errera, i *TVI* rientrerebbero nella terza (e ultima) fase editoriale di manuali per inquisitori dati alle stampe nel XVI secolo, quella cioè che va dal 1578 alla fine del secolo; cfr. in tal senso, A. Errera, *Processus in causa fidei: l'evoluzione dei manuali inquisitoriali nei secoli XVI-XVIII e il manuale*

Il papa eretico nel 'Tractatus de haeresi'

Il volume XI.2 – su cui si intende qui concentrare l'attenzione – intitolato emblematicamente *Tractatus de haeresi*, in effetti, è una raccolta di manuali inquisitoriali di vari autori, già pubblicati (lungo un arco temporale piuttosto ampio) in anni precedenti l'edizione veneziana dei *Tractatus Vniuersi Iuris*.

Scorrendo le rubriche, ciò che maggiormente colpisce è la presenza, in talune opere, di questioni riguardanti l'ipotesi di un papa eretico («Papa licet promoueri, et eligi no[n] possit si hereticus, t[ame]n si eligatur valet»[8]) – anche in rapporto alla sua duplice veste di uomo e, al contempo, di vicario di Cristo[9] («Papa, vt singularis persona, potest errare contra

---

inedito di un inquisitore perugino, Monduzzi, Bologna, 2000, pp. 87-88.

[8] L. Carerius, *TRACTATUS DE HAERETICIS* in *TRACTATVS ILLUSTRIVM IN VTRAQUE TVM PONTIFICII, TVM CAESAREI Iuris facultatem Iurisconsultorum, De Iudicijs Criminalibus S.Inquisitionis. EX MVLTIS IN HOC VOLVMEN CONGESTI, additis plurimis, etiam numquam editis, hac nota designatis; & multo, quàm antea, emendatiores redditi; Summariys singulorum Tractatuum locupletissimis illustrati. INDIC [...] ACCESSERE ITA LOCVPLETES, ut omn [...] quae sparsim leguntur, facillimè distinctae Lectoribus appareant.* TOMI XI. Pars II. VENETIIS, MDLXXXIIII (fa parte dei *Tractatus vniuersi iuris, duce, & auspice Gregorio 13. Pontifice Maximo, in vnum congesti: additis quamplurimis antea nunquam editis,... 18. materias, 25. voluminibus comprehendentes. Praeter summaria singulorum tractatuum, accessere locupletissimi indices, ita distincte, et ordinate compositi, vt lector materias omnes, temere ante hac sparsas, artificiosa distributione sub vno quasi adspectu positas contueri possit*, Societas Aquilae se renovantis, Venetiis 1584-1586), Tomi XI, Pars II, c. 43 ra, 155).

[9] Secondo Agostino Paravicini Bagliani, il primo ad applicare al papa il titolo di *Vicarius Christi* (che prima di allora era riservato all'imperatore quale rappresentante di Dio in terra) fu Pier Damiani in una lettera del 1057 a Vittore II. Al riguardo, cfr. A. Paravicini Bagliani, *Il corpo del*

fidem; Papa, vt Papa, in definitione iudiciali non potest errare contra fidem»[10]) – oppure legate al dibattito sull'infallibilità pontificia («Papa determinans aliquid tanquam Papa circa fidem non potest errare ; Papa determinans aliquid in ijs qu[a]e sunt fidei tanquam Papa cum assensu dominorum Cardinalium, errare non potest»[11]).

L'inserimento di tali argomentazioni nel tomo in esame è singolare e appare, almeno a tratti, contraddittorio. È di sicuro interesse, in particolare, un'indagine approfondita del trattato di Arnau Albert (Arnaldo Albertini), perlomeno in relazione alle tematiche sopra menzionate, che sembrano

papa, G. Einaudi, Torino, 1994, p. 82.

[10] A. Albertinus, *TRACTATUS DE AGNOSCENDIS ASSERTIONIBUS CATHOLICIS, ET HAERETICIS*, in *TRACTATVS ILLUSTRIVM IN VTRAQUE TVM PONTIFICII, TVM CAESAREI Iuris facultatem Iurisconsultorum, De Iudicijs Criminalibus S.Inquisitionis. EX MVLTIS IN HOC VOLVMEN CONGESTI, additis plurimis, etiam numquam editis, hac nota designatis; & multo, quàm antea, emendatiores redditi; Summariys singulorum Tractatuum locupletissimis illustrati. INDIC [...] ACCESSERE ITA LOCVPLETES, ut omn [...] quae sparsim leguntur, facillimè distinctae Lectoribus appareant.* TOMI XI. Pars II. VENETIIS, MDLXXXIIII (fa parte dei *Tractatus vniuersi iuris, duce, & auspice Gregorio 13. Pontifice Maximo, in vnum congesti: additis quamplurimis antea nunquam editis,... 18. materias, 25. voluminibus comprehendentes. Praeter summaria singulorum tractatuum, accessere locupletissimi indices, ita distincte, et ordinate compositi, vt lector materias omnes, temere ante hac sparsas, artificiosa distributione sub vno quasi adspectu positas contueri possit*, Societas Aquilae se renovantis, Venetiis 1584-1586), Tomi XI, Pars II, c. 58 vb, 12-13.

[11] A. Albertinus, *cit.*, c. 101 vb, 19-20. Sul dogma dell'infallibilità, sancito, dopo un lungo *iter* (a partire dal Concilio di Trento, che aveva affermato la supremazia del papa sul Concilio) il 18 luglio 1870, durante il Concilio del Vaticano, con la costituzione *Pastor aeternus*, cfr. la voce *Infallibilità papale* curata da E. Colombo in *Dizionario storico dell'inquisizione* diretto da A. Prosperi; con la collaborazione di V. Lavenia e J. Tedeschi, Edizioni della Normale, Pisa, 2010, pp. 790-792.

più originali. La presente ricerca mira, dunque, a mettere in rilievo le ipotesi di eresia del papa nei relativi brani del *Tractatus de agnoscendis assertionibus catholicis, et haereticis* (la cui prima edizione vide la luce nel 1554 a Palermo, dopo la morte di Albert).

Capitolo I

Il dibattito storiografico sull'eresia papale

La letteratura recente sul tema

La problematica relativa all'infallibilità del papa o alla possibilità che egli incorra in eresia è stata affrontata lungo un arco temporale piuttosto ampio, da diversi studiosi, non soltanto di diritto canonico.

Nel 2004, ad esempio, Mario Fois individua quale "prima radice" del conciliarismo proprio la questione *de papa haeretico* annotata nel *Decretum* di Graziano, derivata tramite Ivo di Chartres[1] dal cosiddetto "Frammento A", attribuito al cardinale Umberto di Silva Candida del secolo XI (in cui si affermerebbe che nessuno può giudicare il papa, *nisi deprehendatur a fide devius* : cfr. D XL, c. 6). Da qui sarebbe stata elaborata dai decretisti una ricca casistica (oltre al papa eretico, si supporrebbe l'evenienza di un papa scandaloso e incorreggibile, di un papa scismatico, etc.)[2].

---

[1] Ivo di Chartres, uno dei grandi canonisti vissuto tra i secoli XI e XII, arrivò a delineare la possibilità di considerare eretico il papa, in occasione di un Concilio appositamente convocato e riunitosi nel 1112, in Laterano, per decidere sull'eventuale eresia papale. Sul punto, cfr. E. Marigliano, M. Zorzin, *Medioevo in monastero: vita quotidiana in un'abbazia del XII secolo: storia, storie e figure di grandi monaci*, Ancora, Milano, 2001, p. 274.

[2] Cfr. M. Fois, *L'ecclesiologia del conciliarismo* in *Archivum historiae pontificiae* 42, Pontificia universitas Gregoriana (Facultas historiae ec-

Nel 2002, Roberto De Mattei attesta che l'ipotesi di eresia è riconosciuta pacificamente dalla dottrina cattolica, tra i casi di perdita del potere pontificio (possibilità che non contraddirebbe, però, il dogma dell'infallibilità papale)[3]. Lo stesso autore sostiene che nessun teologo è arrivato a negare la teoria di un papa eretico, anche se, soprattutto a partire dal XVI secolo, la tendenza è stata di considerarla improbabile di fatto[4].

Due anni prima, ancora disquisendo sull'ipotesi "azzardata" di un papa eretico, José-Apeles Santolaria de Puey Y Cruells indica una serie di pontefici (a partire, addirittura, da Pietro) messi sotto accusa dagli "avversari dell'infallibilità del Concilio Vaticano I"; poi si sofferma a indagare il caso di condanna di papa Onorio I per mezzo del concilio III di Costantinopoli. E riferisce la soluzione fornita da Tommaso d'Aquino e dalla Scolastica al problema[5].

Un'ampia ricostruzione del dibattito sulle ipotesi di eresia ed errore del pontefice romano – a partire dai decretisti del XII secolo, attraverso le posizioni di Uguccione, Giovanni Teutonico, Pietro di Giovanni Olivi (1295), sino ad arrivare a quella di Zeger Bernard Van Espen (morto nel 1728) – viene proposta nel 1999, tra gli altri, da Carlo Fantappiè[6].

Coevo al manuale di tale storico del diritto canonico è un denso saggio sul tema di Hervé Legrand, in cui l'autore ricorda

clesiasticae), Roma, 2004, p. 12.

3 Cfr. R. De Mattei, *Quale Papa dopo il Papa*, Edizioni Piemme, Casale Monferrato (AL), 2002, pp. 112-113.

4 *Ivi*, p. 115.

5 Cfr. J. A. Santolaria de Puey Y Cruells, *Che cosa succede quando muore il Papa*, Piemme, Casale Monferrato (AL), 2000, pp. 115-119.

6 Cfr. C. Fantappiè, *Introduzione storica al diritto canonico*, Il Mulino, Bologna, 1999, pp. 135-136; pp. 142-143; p. 211.

> a questo proposito che l'ipotesi del papa eretico o scismatico, unanimemente presente nella tradizione, anche se poco reale, è un elemento necessario per l'equilibrio complessivo di un trattato sul papato. Sarebbe allo stesso modo teologicamente ingenuo, come insegna la storia, pensare che il carisma del papa preservi quest'ultimo da ogni errore nei suoi giudizi di opportunità relativi all'esercizio del suo ministero[7].

Da rilevare, inoltre, la posizione assunta – un anno prima di Legrand – da Glauco M. Cantarella, il quale, riprendendo l'acceso dibattito scaturito dalla presunta eresia di papa Pasquale II, all'inizio del XII secolo, ricorda la possibile difesa normativa e politico-dottrinale approntata nel 1112-1116 rispetto a un papa eretico:

> [...] innanzitutto da Roma si ricordò che secondo la canonistica accusare il papa di eresia significava cadere *ipso facto* nell'eresia; che la Chiesa romana non poteva essere dichiarata eretica perché era la fonte e il lineamento dell'ortodossia; che dunque non esisteva la possibilità di un procedimento di deposizione del papa, e che soltanto il papa aveva la possibilità di giudicare i propri atti [...]: alla Chiesa, anche se riunita in concilio, non sarebbe rimasto che prendere atto di quanto il pontefice romano avrebbe deciso di fare[8].

---

[7] H. Legrand, *Primato e collegialità al Vaticano II. Valutazione ecumenica di una formulazione dottrinale incompiuta* in *Il ministero del Papa in prospettiva ecumenica: atti del Colloquio: Milano, 16-18 aprile 1998*, a cura di A. Acerbi, Vita e pensiero (Pubblicazioni dell'Università Cattolica), Milano, 1999, p. 229.

[8] G. M. Cantarella, *Il papato: riforma, primato e tentativi di egemonia*

Altri storici poi hanno focalizzato maggiormente l'attenzione sul rapporto tra le due nature del papa (umana/terrena e divina/trascendente); importanti riflessioni, in tal senso, sono state svolte in un saggio datato 1994 da Agostino Paravicini Bagliani che riporta le argomentazioni dell'Anonimo di York sul fenomeno dei "due corpi del re" ma anche quelle di Innocenzo III, Uguccione e i decretisti, Pietro di Giovanni Olivi[9].

A proposito di quest'ultimo e dell'infallibilità pontificia, giova ricordare gli studi compiuti nello stesso anno da Marco Bartoli, il quale prende spunto da una *quaestio* inedita di Olivi – tratta dalle sue *Quaestiones de perfectione evangelica* – pubblicata nel 1949 da Michele Maccarone (che già ne rilevava l'incompiutezza), evidenziando l'apparente contraddittorietà di quello scritto; perciò, arriva a interrogarsi se Olivi fosse un teorico della dottrina del papa infallibile o, piuttosto, di quella del papa eretico, per asserire poi che da questa domanda è partita tutta la ricerca storiografica successiva[10].

Bartoli cita, quindi, il saggio (apparso vent'anni dopo quello di Maccarone) di Raoul Manselli intitolato *Il caso del papa eretico nelle correnti spirituali del secolo XIV*, nel quale si riprendeva l'argomento e si definiva il ruolo del tutto peculiare di Olivi nella storia della riflessione teologica sulla

---

in *Storia medievale*, Donzelli Editore, Roma, 1998, p. 285.

9 Cfr. A. Paravicini Bagliani, *Il corpo del papa*, G. Einaudi, Torino, 1994, pp. 90-92. Inoltre, si veda anche P. Prodi, *Il sovrano pontefice: un corpo e due anime: la monarchia papale nella prima età moderna*, Il Mulino, Bologna, 1998 – nel quale si insiste sull'importanza del ruolo del papato nella costruzione degli stati moderni.

10 Cfr. M. Bartoli, *Olivi e l'infallibilità pontificia* in *Bullettino dell'Istituto storico italiano per il Medio Evo e archivio muratoriano*, Istituto storico italiano per il Medio Evo, Roma, 1994, pp. 150-151.

questione[11]. Secondo lo stesso Bartoli, però, le riflessioni di Manselli – che, in sostanza, attribuiva il dibattito sull'eresia papale non solo a Olivi ma anche ai suoi seguaci – sono state in parte trascurate dalla storiografia successiva, che ha continuato a essere divisa tra quelli per cui Olivi va ritenuto un precursore della dottrina dell'infallibilità e quelli che vedono in lui il fautore di un'importante dottrina sul caso del papa eretico[12].

In conclusione, Bartoli nega che Olivi sia da considerare l'iniziatore di una nuova dottrina: l'autore ritiene che le questioni da lui trattate fossero tipicamente di scuola, soprattutto il "caso del papa eretico" un esempio classico, riproposto da tutti i canonisti prima di lui. Sul finire del XIII secolo, la questione della possibile deposizione di un papa eventualmente eretico sembra fosse largamente dibattuta tra i teologi. A essa si aggiungeva, di riflesso, quella dell'obbedienza dovuta al pontefice "come regola inerrabile di fede" (che è proprio il titolo della *quaestio* di Olivi). Quindi, a detta di Bartoli, Pietro di Giovanni fu il primo a inserire il caso del papa eretico in un trattato teologico (il già citato *Quaestiones de perfectione evangelica*), pur se trattasi di elaborazione ecclesiologica non organica.

Nel 1993 si intrattiene sulle origini e l'evoluzione della disputa sull'eresia papale anche Salvatore Vacca, che evidenzia come il Decreto di Graziano sia stato oggetto di discussione per quel che riguarda lo sviluppo della teoria del papa ma

---

[11] R. Manselli, *Il caso del papa eretico nelle correnti spirituali del secolo XIV*, "Arch. Filos.", s.l. 1970, in M. Bartoli, *Olivi e l'infallibilità pontificia* in *Bullettino dell'Istituto storico italiano per il Medio Evo e archivio muratoriano, cit.*, pp. 151-152.

[12] Cfr. Marco Bartoli, *Olivi e l'infallibilità pontificia* in *Bullettino dell'Istituto storico italiano per il Medio Evo e archivio muratoriano, cit.*, pp. 152-153.

anche i limiti del suo primato. L'autore, a partire dall'assioma *Prima sedes a nemine iudicatur*, attraverso un denso *excursus* sui corollari di tale nozione, svolge interessanti conclusioni, che è opportuno segnalare:

> Generalmente i canonisti del secolo XI lasciarono intatto il principio dell'ingiudicabilità papale, poiché a loro avviso, un papa eretico cessava *ipso facto* di essere papa. [...] Il problema era anche chi doveva stabilire se il pontefice era veramente eretico, e quale organo giuridicamente competente era in grado di giudicarlo. [...] La tesi della possibilità del papa-eretico sarà tenuta in considerazione durante tutto il medioevo, fino al tempo dello scisma d'Occidente (1348-1417). L'importanza ecclesiologica di questa tesi è notevole: essa rende più evidente il fatto che non si può separare il papa dalla Chiesa, e che la sua posizione di *supra* si deve concepire all'interno della sua situazione *in et cum*. Ancora: questa tesi porta chiaramente una certa distinzione tra il sedente, che potrebbe cadere, e la sede che non erra mai; si ammette così che il papa può errare e cadere nell'eresia[13].

Nel 1991 viene pubblicato un contributo di Alfonso Carrasco Rouco, che sposta i termini del discorso dall'infallibilità papale al libero arbitrio dell'uomo, puntualizzando che:

> Naturalmente il papa è libero. Ma la sua libertà non è quella di chi può disporre a suo piacimento della parola e dei sacramenti, ma piuttosto quella del

[13] S. Vacca, *Prima sedes a nemine iudicatur: genesi e sviluppo storico dell'assioma fino al decreto di Graziano*, Pontificia università gregoriana, Roma, 1993, p. 254.

> testimone, la libertà di rimanere fedele o no, personalmente, alla verità della fede. In tal senso possiamo comprendere l'ipotesi del papa eretico, che Graziano raccoglieva già dalla tradizione canonistica anteriore (il papa «... a nemine iudicandus, nisi deprehendatur a fide devius», *Decreto*, D.40, c.6)[14].

Procedendo a ritroso, significativo è il dibattito nel 1975 tra Brian Tierney e Don Alfonso M. Stickler, intorno all'infallibilità papale e ai canonisti medievali. Secondo una diffusa opinione teologica – sostiene il primo – qualsiasi decisione del papa in materia di fede e di morale è adottata nei tempi moderni in virtù del magistero ordinario e, pertanto, suscettibile di errore. I teologi moderni – prosegue lo stesso – insegnano che il pontefice, tuttavia, esercita anche un magistero straordinario, in forza del quale può insegnare infallibilmente. Però, si obietta che tale dottrina era sconosciuta ai canonisti medievali, la cui ecclesiologia era fondata sull'indefettibilità, cioè sull'idea che, sebbene il papa potesse errare, la fede della Chiesa nella sua integrità non potesse comunque mai venire meno[15].

In seguito, Tierney polemizza con Don Stickler a proposito dei testi canonistici citati da quest'ultimo, nel secondo gruppo dei quali si tratterebbe il problema del papa eretico:

> Don Stickler afferma giustamente che vi sono due casi da tenere distinti. Un papa può cadere in un'e-

[14] A. Carrasco Rouco, *Ministero petrino e sinodalità* in *L'unità nella Chiesa universale. Il ministero del Papa*, Rivista Internazionale di Teologia e Cultura 'communio' (Jaka Book, Milano), nr. 116, s.l., marzo-aprile 1991, pp. 42n-43n.

[15] Cfr. B. Tierney, *L'infallibilità e i canonisti medievali. Risposta di Brian Tierney* in *Rivista di storia della Chiesa in Italia*, XXIX, Herder, Roma, 1975, pp. 221-222.

> resia già condannata. In questo caso si può dire che sia incorso nella sentenza di scomunica decretata in precedenza contro futuri eretici, e che quindi cessa automaticamente di essere papa. Problemi molto più ardui sorgono quando un papa professa una nuova eresia. Alcuni opinarono che un tale papa potesse essere condannato da un concilio di vescovi [...]. Altri sostenevano che un papa non potesse essere ritenuto eretico prima di essere giudicato colpevole, e che nessuna corte fosse competente a giudicare un uomo che si presumeva fosse papa. Essi concludevano che un uomo, che era di fatto un eretico, dovesse essere tollerato dalla Chiesa per un certo periodo di tempo, fino a quando la Provvidenza divina non fosse intervenuta [...]. Per ragioni che non riesco a comprendere, Don Stickler si trova particolarmente a suo agio in questa ultima opinione dei canonisti[16].

Segue la replica di Stickler, il quale precisa che qualora il papa davvero errasse in questioni già definite, non sarebbe più papa; di conseguenza, non comprometterebbe la sua infallibilità. Ciò sarebbe la prova implicita proprio dell'infallibilità del Pontefice nelle sue decisioni valide.

Inoltre – eccepisce Stickler – secondo i testi canonistici da lui citati, il papa decaduto per eresia non è più incardinato nella *Sedes*, dunque sarebbe da escludere anche l'opposizione tra papa e papato, ossia tra la persona e l'ufficio:

> [...] dal momento che non esiste o non esiste più il Papa, la Chiesa di Roma continua, come ponte, la funzione di garante dell'ortodossia fino al nuovo Pontefice. Costui e la Chiesa di Roma non possono mai essere concepiti come due entità disgiunte e,

16 *Ivi*, p. 223.

meno ancora, opposte [...]. Se la persona del Papa diventa eretica non detiene più l'ufficio del Papa così come un giudice, divenuto clinicamente pazzo, pur rimanendo quella persona, non può più essere considerato, per gli effetti dell'ufficio, giudice[17].

Il dibattito riportato è pregno di spunti interessanti e utile a ricostruire la questione in una prospettiva dialettica, attraverso il raffronto delle diverse posizioni dei due interlocutori.

Fonti della prima metà dell'Ottocento

Risalendo indietro fino al 1829, ci imbattiamo nei ragionamenti del canonico don Stefano Gandolfi, ancora sull'infallibilità del papa quando decide *ex cathedra* su questioni di fede. Al riguardo, l'autore fa presente che, se – come si dice – il papa può essere eretico (e, come tale, giudicabile dalla Chiesa) e nei suoi decreti può rinvenirsi qualcosa contrario ai precetti evangelici, ciò nonostante tutte queste cadute rientrerebbero nelle decisioni *ex cathedra* del papa; quindi, nulla proverebbe le presunte cadute del papa come persona privata[18].

Approfondendo, prosegue Gandolfi sostenendo che:

> Per tutti gli altri mancamenti li Papi *habent Deum solum judicem*; ma per li peccati contro la fede possono essere giudicati dalla Chiesa, come disse Innocenzo III. [...] di un caso ipotetico [...], del quale lo stesso Innocenzo III. dice "Ego tamen facile non cre-

[17] *Ivi*, p. 233.

[18] Cfr. S. Gandolfi, *Aggiunta alla dissertazione che ha per titolo l'infallibilità del Papa quando decide ex cathedra in materia di fede del canonico don Stefano Gandolfi...*, dai tipi Benacci, Imola, 1829, p. 37.

> diderim, ut Deus permitteret Romanum Pontificem contra fidem errare, pro quo *spiritualiter* oravit in Petro: *Ego, inquit, pro te rogavi ut non deficiat fides tua*". (Innoc. III. Serm. III. de Consec.) p. 260. [...] Si tratta di un caso , il quale non è finora accaduto, e speriamo, che non accaderà mai[19]. [...] *Se idem non potest simul esse, et non esse*, ne viene che chi è non *Cattolico* [...] non può essere Capo de' Cattolici, ne viene per conseguenza, che l'*Eretico*, il quale è sempre non *Cattolico*, non possa essere Papa [...].

L'autore conclude che, qualora un papa diventasse eretico, per ciò stesso smetterebbe di essere papa e la Chiesa potrebbe giudicarlo come eretico e dichiararlo decaduto dal suo ruolo. Secondo Gandolfi – infine – il presupposto, per poter essere ritenuto eretico, di sostenere pertinacemente una dottrina già condannata come eretica dalla Chiesa, renderebbe alquanto arduo il verificarsi in concreto dell'ipotesi di eresia nel papa: «Vedete pertanto, – afferma – che la difficoltà di un Papa eretico, la quale da lontano fa paura, svanisce come il fumo, se si considera da vicino»[20].

Quasi contemporanea all'opera di Gandolfi è quella del conte Alfonso Muzzarelli, il quale – affidando le proprie considerazioni alle battute dei personaggi di un immaginario dialogo filosofico – opera una distinzione tra il caso di un principe tiranno e quello di un papa eretico. I due casi – rammenta Roberto (un interlocutore del protagonista) – sarebbero di gran lunga differenti; mentre il popolo non avrebbe il diritto di deporre un tiranno o, pur avendolo, ha dovuto rinunciare a esercitarlo in vista di un beneficio maggiore, viceversa

[19] *Ivi*, p. 38.
[20] *Ivi*, p. 39.

> [...] si sa, che anche un papa può esser deposto, se cadesse in eresia privata e ne fosse convinto, e vi si ostinasse; o pure se abusasse enormemente dell'autorità sua in danno generale della Fede, e della Chiesa. Un papa sì, e un principe no? Datemi la distinzione[21].

Pronta la risposta del protagonista Emilio, il quale fonda la propria analisi sul ricorso al concetto di "bene comune":

> Un papa eretico dev'essere esaminato, giudicato, e condannato come tale dalla Chiesa universale, e poi deposto dalla Chiesa medesima. [...] non potrà considerarsi per decaduto, sinché la Chiesa universale non lo dichiari. Ora la Chiesa universale è infallibile: dunque non v'è pericolo nel di lei giudizio di alcun errore; dunque non v'è né pur pericolo, fuorché remoto, di scandalo. [...] deposto un principe, [...] lo scandalo, la rivoluzion dello stato, il pericolo del ben comune è quasi inevitabile. Ecco dove è fondata la disparità; [...]

Sarebbe questo, perciò, il motivo per cui il popolo – a detta di Emilio – ha dovuto rinunciare al suo diritto di deporre un principe tiranno ma non, invece, la Chiesa nei confronti di un papa eretico[22]. Spiega, infatti:

> In oltre un papa eretico, molto più un papa, che abusa della sua autorità in danno generale della Fede, e della Chiesa, porta la guerra al bene spirituale del popolo; i Cristiani ponno da lui restar ingannati ine-

---

[21] A. Muzzarelli, *L'Emilio disingannato: dialoghi filosofici/opera del conte Alfonso Muzzarelli; arricchita d'illustrazioni varie per cura della Pia Associazione* VIII, dalla tipografia Gattei, Venezia, 1828; p. 54.

[22] *Ivi*, p. 55.

> vitabilmente, e innocentemente nell'interesse maggiore, che abbiamo, cioè in quello dell'eterna salute; dunque si può andar incontro anche ad uno scandalo temporale per preservar dal guasto la Chiesa universale: pericolo spirituale non v'è [...]. All'opposto nella deposizione di un tiranno è in contrasto ben temporale col mal temporale [...] Dunque il caso è molto diverso.

Conclusivamente, Emilio/Muzzarelli conforta il lettore osservando come in diciotto secoli non si sia mai avverata la deposizione di un papa eretico, grazie alla cura del bene della Chiesa da parte della divina Provvidenza. Tutt'al più sarebbe capitato qualche caso di rinuncia spontanea di un papa o un suo disconoscimento, poiché illegittimo[23].

La storiografia del Settecento

- *Ultimo trentennio del secolo*

Dalle fonti che mi è stato possibile rinvenire, sembra che il dibattito sul papa eretico sia stato alquanto ricorrente nel corso di gran parte del XVIII secolo, segno di un vivace interesse all'argomento.

In un trattato del 1792 Luigi Schettini riprende la comparazione – già proposta, come si è visto sopra, da Muzzarelli – tra un sovrano e un pontefice i quali, rispettivamente nel proprio ambito, abusino della loro autorità. L'autore, in aperta polemica con gli scritti di Nicola Spedalieri, richiama l'esempio offerto da quest'ultimo riguardo a un papa che, una volta diventato eretico, o decade automaticamente o dev'essere

---

[23] *Ivi*, p. 56.

dichiarato decaduto dall'autorità pontificia[24]. Procedendo con una serie di domande retoriche, Schettini precisa che:

> [...] li Eretici da tutt'i Dottori, da tutti i Professori di Teologia vengono esclusi dal Corpo mistico di Gesù Cristo; non sono più riconosciuti per membri della Chiesa: non appartengono più alla società spirituale de' fedeli. [...] Non ignorarete, che il Papa sia il Capo visibile del Corpo mistico di Gesù Cristo: il membro principale, e più nobile del Corpo della Chiesa, il Primo nella società spirituale de' fedeli. [...] Quale meraviglia, che un Papa divenuto eretico non sia più Papa, e decada sul fatto, o debba dichiararsi decaduto dal Principato Sacerdotale, dal Pontificio Trono? Un Papa Eretico non appartiene affatto al corpo mistico di Gesù Cristo: dunque non può essere riconosciuto per Pastore del Corpo mistico [...]. Un Papa eretico non è più membro della Chiesa di Gesù Cristo, dunque non più può essere riconosciuto per Capo della Chiesa. Un Papa eretico non è più nella società spirituale de' fedeli. Dunque non più può essere riconosciuto per Principe de' fedeli[25].

Poi l'autore si rivolge provocatoriamente a Spedalieri, tracciando un parallelo tra un papa eretico e un sovrano che abusi gravemente della sua suprema autorità; Schettini nota che qualunque abuso di potere del sovrano non lo mette fuori della società civile, così non pregiudica l'autorità di

---

[24] Cfr. L. SCHETTINI, *Dell'autorità de' Sovrani. Dissertazione contra la ingiuriosa, sediziosa e sacrilega teoria di Nicola Spedalieri nell'opera intitolata De' Diritti dell'Uomo*, presso Filippo Raimondi, Napoli, 1792, p. 129 (nell'ambito del capo V. *Se pregiudichi all'autorità de' Sovrani un grave abuso di essa*).

[25] *Ivi*, pp. 130-131.

quest'ultimo, il quale ha il diritto allora di essere riconosciuto per vero principe della società civile[26]. In modo speculare, l'autore pone il raffronto con un papa che abusi gravemente della sua autorità, nell'ambito stesso della società dei fedeli; e conclude che tutti i teologi sono concordi nell'ammettere che un simile abuso della potestà pontificia non pregiudica l'autorità ricevuta da Dio, per cui quel papa deve essere sempre riconosciuto per vero vicario di Cristo, per vero papa[27].

In un altro scritto polemico del 1770 contro, questa volta, l'opera di Giustino Febronio[28], Francesco Antonio Zaccaria esamina l'ipotesi di eresia del papa con specifico riferimento al ruolo del concilio, là dove chiarisce:

> Eppure, dice *Febbronio*, si può, e si dee convocare il Concilio, se il Papa sia Eretico, o nella Chiesa abbiasi scisma. Nel qual caso chi non vede dovere il Pontefice alla convocazione del Concilio acconsentire? Niun lo nega; ma il Papa Eretico non è Papa dice il dotto *Agostiniano Agostino Trionfi d'Ancona* nella sua somma de *Ecclesiastica potestate* [...]; il Papa dubbio, qual è il Papa nel tempo di scisma, similmente non è Papa. Ora quando non è Papa, che meraviglia se i Cardinali, od altri per loro, quando eglino trascurassero di farlo, possano convocare il Concilio?[29]

---

26 Cfr. *Ivi*, pp. 132-133.

27 Cfr. *Ivi*, pp. 134-135.

28 Pseudonimo dietro cui si cela Johan Nikolaus von Hontheim (Treviri 1701 – Montquintin, Lussemburgo, 1790), storico e canonista tedesco. Oggetto delle critiche mosse da Zaccaria è il suo trattato *De statu Ecclesiae et legitima potestate Romani pontificis liber singularis, ad reuniendos dissidentes in religione christianos compositus*, Bullioni 1763.

29 F. A. Zaccaria, *Anti-Febbronio (di Francescantonio Zaccaria della Compagnia di Gesù) o sia Apologia storico-polemica del primato del*

Al di là di questo caso – prosegue l'autore – nelle altre ipotesi di un papa accusato di simonia, di pubblici scandali infamanti per il sacerdozio, di complotti nei riguardi della Chiesa – tralasciando il caso di un "papa mentecatto" (poiché allora non sarebbe necessario il Concilio) – si potrebbe, suo malgrado, convocare un concilio; esso, tuttavia, non potrebbe deporlo e nemmeno punirlo ma soltanto ammonirlo, pregare per lui, resistergli. Di qui Zaccaria desume la superiorità, ad ogni modo, del papa[30].

- Anni '60

A una conclusione analoga perviene anche Alfonso Maria de' Liguori, nella sua *Verità della fede* (impressa nel 1767), mitigando in parte l'idea – già vista in Zaccaria – dell'inferiorità del Concilio rispetto al papa:

> Il Concilio elegge il Papa, dunque il Concilio ha la potestà Papale. [...] Iddio ha data la potestà di eleggere il Papa alla Chiesa, cioè al Collegio de' Cardinali, o al Concilio nel caso di Papa dubbio, o eretico, ma non già la potestà Papale. [...] Ma se il Concilio può deponere il Papa eretico, può anche deporlo negli altri delitti egualmente perniciosi alla Chiesa; e da ciò deducono essere il Concilio sopra del Papa. Ma si risponde, che la sola eresia, non già gli altri delitti rendono il Papa inabile al suo officio; onde in caso che il Papa è eretico, non è che il Concilio è superiore al Papa (come allora può esser sopra del Papa, se non vi è Papa?) allora il Concilio dichiara il Papa deca-

Papa già consacrata alla santità di Clemente XIII - Edizione seconda notabilmente accresciuta I (-IV), per Gregorio Biasini all'insegna di Pallade, Cesena, 1770, pp. 42-43 (in Part. II, Lib. IV, XIV).

30 Cfr. *Ivi*, pp. 43-45.

> duto dal Pontificato, come colui che non può esser più Dottore della Chiesa, tenendo una falsa Dottrina. Se poi il Papa commette altri delitti, sempre che non insegna una Dottrina corrotta, dobbiamo conservargli l'ubbidienza, secondo quel che c'impone il Signore per S. Matteo [...] E S. Pietro [...][31].

Il trattato si presenta articolato in una serie di confutazioni teologiche ad argomenti di altri autori, anche se la *vis polemica* è ben più attenuata e l'esposizione meglio bilanciata, rispetto a Schettini e Zaccaria.

In netto contrasto con il pensiero di Febronio è anche Giulio Antonio Sangallo, che, un anno prima, nella sua apologia del papato scrive:

> Questo è il punto, che più di tutti sta a cuore al nostro Febronio: non vorrebbe sentire, che tanta autorità si accordasse dai Concili al Romano Pontefice: cerca perciò di combatterlo in tutti i modi, e deprimerlo[32].

Entrando, quindi, nel vivo della trattazione sull'eventuale eresia del papa – a differenza di sant'Alfonso De' Liguori – ridimensiona sensibilmente il ruolo del concilio, nel caso questo si trovasse a dover procedere nei confronti del pon-

---

[31] A. M. de Liguori, *Verità della fede. Opera data fuori dall'illustriss. e reverendiss. monsig. D. Alfonso de Liguori... Nella parte 1. si parla contra i materialisti, che negano l'esistenza di Dio. Nella parte 2. si parla contra i deisti, che negano la religione rivelata.* [...] ... I [-II], Nella stamperia di Bassano: a spese Remondini, 1767, p. 136.

[32] G. A. Sangallo, *Dello stato della chiesa e legittima potestà del romano pontefice dal medesimo sostenuta conforme l'antica tradizione; libro apologetico contro il nuovo sistema dato alla luce da Giustino Febronio J.C. per conservare nell'unione i fedeli, e disingannare gli eretici composto da un francescano min. conventuale...*, presso Tommaso Bettinelli, Venezia, 1766, p. 264.

tefice; richiama poi un libello francese edito agli inizi del XIV secolo, concordando con esso nella distinzione tra il papa come privata persona e il papa nel suo ruolo istituzionale. Difatti, portando avanti la sua polemica con Febronio, evidenzia che questi

> Porta poi il caso, in cui si dovesse procedere contro la persona del medesimo Pontefice, allora, dice, non può esser dubbio alcuno, che il Concilio avrà tutta l'autorità di definire senza il consenso, accettazione, o confermazione del Papa, che condanna come reo. Il solo caso, rispondo, che può ammettersi, è della formal eresia, in cui cadesse il Pontefice, poiché allora i più bravi Teologi, col Bellarmino [...], accordano, che potrebbe il Concilio contro di lui procedere. Ma avvertasi, che il Papa eretico per se stesso tosto lascia di esser Papa, e Capo, siccome cessa di esser Cattolico, e membro del corpo della Chiesa: né il Concilio, che assumesse la causa contro questo Papa potrebbe dirsi Ecumenico. I grandi del Regno di Francia in un certo libello, che nell'anno 1305. Presentarono a Clemente V. dissero, che il Papa come Papa non poteva esser eretico; ma solo come privata persona: né mai alcun Papa come tale fu eretico[33].

Sembrano riecheggiare alcune posizioni assunte da Schettini nel brano sopra citato. Mentre, proseguendo nella lettura del saggio, incontriamo conclusioni simili a quelle già viste in Gandolfi e Muzzarelli (cfr. § 2):

> Il caso però, siccome per divina spezial Misericordia, e Provvidenza non è mai accaduto [...] così dà luogo a sperare con ragione, che giammai mercé

[33] *Ivi*, p. 265-266.

> la divina grazia ciò succederà. Quindi il medesimo Febronio disse bene in questa parte, che la Tesi può ridursi alla sola ipotesi.

L'esito della dissertazione è un generale invito alla prudenza – attraverso un preciso riferimento a una regola formulata da un sinodo ecumenico – nel decidere, eventualmente, nei confronti del papa sospetto di eresia:

> E quand'anche la Chiesa si ritrovasse nella funesta crisi di vedere il suo Capo di eresia infetto, dovrebbe il Sinodo in quella emergenza far uso della bella regola lasciata dal Sinodo Ecumenico VIII. al Can. 13. della 10. azione, nella quale dicesi, che se nella Chiesa Romana insorgesse qualche ambiguità, e controversia, duopo sarebbe con gran riverenza, e circospezione esaminare la quistione, e decidere, non però con arditezza proferir giudizio contro il Pontefice Romano [...][34].

Nel 1766 vede la luce, oltre al trattato di Sangallo, l'apologia scritta da Pietro Carminati, il quale – per ciò che specificamente qui interessa – ribatte alle prove che un non meglio precisato *Avversario* avrebbe tratto, contro l'infallibilità del papa, dal diritto canonico[35]. In tale confronto, l'autore introduce un ulteriore distinguo a proposito della figura del pontefice:

> Alla sciocca dimanda, che fa l'Autore, se mai accadesse, che il Papa da qualche Concilio a cagion

---

[34] *Ivi*, p. 266.

[35] Con ogni probabilità il riferimento è a un'opera pubblicata l'anno precedente: E. Le Noble, *Istruzioni intorno la Santa Sede tradotte dal francese*, per Guglielmo Evrardi, Buglione, 1765.

> di Eresia fosse condannato, e deposto, in qual aspetto dovrebbe esser preso? Come uomo; come Dottore, o come Papa? E non sa l'Avversario, che il Papa da quel punto, ch'è Eretico palese, cade dalla sua Dignità, e la Chiesa non ha la necessità di deporlo, ma solamente dichiararlo caduto? Imperciocchè il Papa nella Chiesa è maggiore di quello sia un Re nel suo Regno, ricevendo questi la potestà dalla Repubblica, ed il Papa non dalla Chiesa la riconosce, ma immediatamente da Cristo; che perciò in niun caso può la Chiesa deporlo, ma solamente dichiarare essere dal Pontificato caduto[36].

Queste osservazioni ci riportano alla mente quelle già esaminate in Gandolfi [cfr. § 2], Schettini [cfr. § 3 a)] e Sangallo [cfr. § 3 b)]. Fa pensare, in particolare, al passo di Gandolfi appena ricordato [vd. § 2] pure il successivo accenno alla preghiera di Cristo, che sarebbe a fondamento dell'infallibilità pontificia:

> Aggiungo, che il Papa, come Papa non può esser Eretico, mediante la preghiera efficace di Gesù Cristo, perché Egli impedisce per sua special providenza, che fallisca il Papa definendo per tutta la Chiesa; quantunque lo possa come privato, non impedendo Iddio, che in tale aspetto possa errare; [...] Imperciocchè Iddio non è egualmente impegnato, per diversi effetti che ne seguirebbero, ad assister il Papa tanto come Uomo, quanto come Capo della Chiesa, e suo Vicario;

36 P. Carminati, *Riflessioni apologetiche sopra la podestà del sommo Pontefice contra l'autore delle Istruzioni intorno la Santa Sede, di Pietro Carminati veneto*, presso Francesco Pitteri, Venezia, 1766, cap. XXI, p. 83.

Circa quest'ultimo punto, infine, Carminati si mostra cauto nel giudizio. Scrive:

> Il Papa è per me il Supremo Pastore, il Vicario di Gesù Cristo, il Giudice infallibile delle controversie di Fede, la Guida sicura dei costumi, il Capo Monarchico della Chiesa; ma infallibile in questioni di fatto, infallibile come privato Dottore, questo né l'ammetto, né lo dico[37].

- *Inizi degli anni '30*

Considerazioni analoghe a quelle viste sopra si ritrovano già in un trattato teologico, risalente al 1731, dell'abate benedettino Matthieu Petitdidier, il quale trae spunto dal caso di Papa Onorio per svolgere le proprie argomentazioni a favore dell'infallibilità del pontefice:

> [...] al sesto Concilio Generale, in cui il Papa Onorio fu condannato con gli Autori dell'Eresia dei Monoteliti. Quelli che sono contrarj all'infallibilità dei Papi, non mancano di valersi di questo Concilio, per inferirne, o che non sono infallibili, overo almeno, che i Padri di questo Concilio non gli hanno stimati infallibili. [...] Adunque rispondo, che quest'obiezione non fa nulla contro di me, e non tocca la questione, che tratto dopo il Cardinale Bellarmino, ed i difensori dell'Infallibilità dei Papi. Bisognarebbe, per poterne inferire qualche cosa contro di me, che la lettera di Onorio fosse stata una Decretale proposta a tutta la Chiesa, in cui egli avesse data l'Eresia per Articolo da credersi da tutti i fedeli. Ora questo non si truova. Ella è una risposta particolare fatta ad un Vescovo di

---

37 *Ivi*, p. 84.

> Costantinopoli [...]. Non tocca pertanto la questione, che tratto. Si confessa, che un Papa come Dottore particolare, può solamente approvare un errore; ma che potrebbe eziandio diventar Eretico [...][38].

A tal proposito, il ricorso alla duplice natura del papa – incontrata pure negli autori prima considerati – viene utilizzato già dall'abate, quando chiarisce:

> Inoltre quella distinzione non è nuova, né moderna; attesochè da più di quattrocento anni ella è stata adoperata da tutta la Nazione Gallicana in una scrittura presentata al Papa Clemente Quinto contro Bonifazio Ottavo. [...] Non si tratta dell'eresia di quel Papa, come Papa; ma come persona particolare. Imperochè come Papa, egli non poteva esser Eretico; ma bensì come persona privata. In fatti, nessun Papa, come Papa, ha mai potuto esser Eretico.

Anche Petitdidier, tra l'altro, si rifà alla necessità o meno di convocare un concilio generale che accerti se un papa sia stato effettivamente eretico, là dove puntualizza:

> Sicché non è necessario di radunare un Concilio Generale, per esaminare se egli è stato Eretico. Imperciocchè, Voi, Beatissimo Padre, siete Vicario di Gesù Cristo, che rappresentate tutto il corpo della Chiesa. [...] E quando anche fosse radunato il

---

[38] M. Petitdidier, *Trattato teologico dell'autorita', ed infallibilita' de'papi, composto dal padre d. Matteo Petitdidier... Dissertazione storica, e teologica in tal proposito fatta dallo stesso autore. I caratteri dell'errore ne' difensori di Giansenio, e di Quesnellio. Opere date alla luce da un'abate cisterciense*, stamperia di Antonio de'Rossi, Roma, 1731, pp. 120-121.

> Concilio, senza di voi no potrebbe esaminare questa questione; e non la potrebbe esaminare, che con la vostra Autorità[39].

E, a scanso di equivoci, più avanti rimarca che

> [...] verun Papa non aveva mai errato in materia di Fede. [...] tutti i Concilij, eziandio Generali, avevano seguitata con fedeltà la Dottrina della Sede Apostolica [...] tutti i Santi Dottori avevano fatto l'istesso; [...] soltanto abbracciandola da fedeli discepoli, avevano spiccato nella Chiesa[40].

In seguito, l'autore pare mutare il tono apologetico dei passi che precedono, sostituendolo con un registro polemico, quando controbatte all'Anonimo di York in merito al rapporto gerarchico tra papa e concilio in questioni di fede [pervenendo a esiti simili a quelli di Alfonso Maria de' Liguori, cfr. § 3 b)]:

> [...] il Papa non può essere giudicato da niuna persona, *nisi sit devius à Fide*. Sicché una simile disposizione non porta, che il Papa sia sottoposto al Concilio nelle materie di Fede: ma solamente, che potrebbe egli talvolta esservi soggetto, se abbandonasse la Fede, e si desse all'Eresia. Questo è l'unico caso notato da' Sagri Canoni; e comecchè l'eccezione conferma la Regola, si deve perciò inferirne, che in tutti gli altri casi (toltane l'Eresia) il Concilio non può essere superiore al Papa[41].

[39] *Ivi*, p. 121.
[40] *Ivi*, p. 123.
[41] *Ivi*, p. 410.

Da ultimo, riportando la posizione assunta dal cardinal Bellarmino sul papa eretico, Petitdidier smonta la tesi dell'Anonimo concernente la possibile eresia occulta del papa, con la seguente argomentazione:

> Sopra il Capitolo dell'Eresia il Cardinale Bellarmino risponde, che se un Papa divenisse Eretico; cesserebbe immantinente d'essere Papa; stante che non sarebbe più della Chiesa; e lo comprova coll'autorità di S. Cipriano. L'Anonimo non lo controverte, trattandosi però d'un Eretico pubblico: ma bensì soggiugne, che può darsi il caso d'un Papa Eretico nascostamente. Si potrebbe però anche replicare, che in tal caso, il Papa non potrebbe restare giudicato dalla Chiesa, la quale non giudica delle cose occulte. Proseguisce tuttavia a dire l'Autore suddetto, che potrebbe essersi egli palesato a qualche suo confidente, a fine di tirarlo nella stessa Eresia. Ma io di bel nuovo gli replico, che se il Papa si fosse scoperto a testimonj tali, quali esiggono i Canoni, la sua Eresia non sarebbe più occulta; ma sarebbe divenuta palese: Sicché l'istanza porta al falso. [...] In una parola; sì fatta ipotesi è chimerica[42].

Il papa eretico in un autore di tardo Seicento

In fondo a questo percorso indietro nel tempo, incontriamo la ricostruzione storica di tutti i concili ecclesiastici illustrata nel 1689 da Marco Battaglini, il quale tratta delle accuse di eresia nei confronti di papa Eugenio, proponendo ancora il binomio (che qui, anzi, diviene antitesi) pontefice/concilio:

---

[42] *Ivi*, pp. 410-411.

> [...] i Basileesi [...] stabilirono frattanto otto altre Conclusioni, chiamate parimenti verità di Fede, colle quali pretendevano di provare, che Eugenio Papa fosse Eretico, rilasso, e Scismatico; la prima era la podestà del Concilio sopra di lui; la seconda la sua inabilità a dissolverlo; la terza, che chi negasse questo, fosse Eretico formale; la quarta, che la dissoluzione fattasi da Eugenio del Convento di Basilea era contra la prima Conclusione; la quinta essersi approfittato Eugenio delle ammonizioni del Concilio rivocando la prima dissoluzione già fatta dal medesimo; sesta, che la seconda dissoluzione era poi errore di Fede; settima, che per questo egli era Eretico, e rilasso; ottava, che tutto ciò fosse contra le prime due Verità[43].

E, in parallelo, riporta l'episodio della condanna per eresia di papa san Leone:

> [...] al Conciliabolo d'Efeso, sotto la presidenza dell'empio Dioscoro, che parimenti condennò per Eretico S. Leone Papa, come per l'altra parte i Basileesi nella Sessione trentottesima del giorno ventottesimo di Settembre replicarono gli encomij della loro azzione; e l'ingiurie contra Eugenio[44].

Prima di passare all'analisi del *Tractatus de agnoscendis assertionibus catholicis, et haereticis*[45] di Arnau Albert, con-

---

[43] M. Battaglini, *Istoria universale di tutti i concilij generali, e particolari celebrati nella Chiesa (In questa seconda edizione accresciuta di quattrocentotrè Concilij, e di alcune risposte à gli argomenti, che da' medesimi concilij hà tratti contro la Santa sede apostolica Luigi Memburgh)*, presso Andrea Poletti, all'Italia, Venezia, 1689, p. 418.

[44] *Ivi*, p. 419.

[45] Datato 1554 ma – come si è visto – successivamente inserito nel tomo

viene anzitutto tentare di ricomporne la figura sotto il profilo biografico e della produzione libraria.

XI.2 dei *Tractatus Vniuersi Iuris*, editi nel 1584-1586.

Capitolo II

Vita e opere di Arnau Albert (Arnaldo Albertini)

Fonti recenti

Il dato di partenza da assumere per una ricostruzione – condotta a ritroso, attraverso le fonti – della biografia intellettuale di Arnau Albert (Arnaldo Albertini), è l'accurata sintesi di Vincenzo Lavenia contenuta nel recente *Dizionario storico dell'inquisizione*. Da essa ricaviamo che Albert, nato nel 1480, formatosi in Italia, fu canonico a Maiorca, rinomato giurista, quindi nominato giudice della fede dell'isola delle Baleari per volontà di Adriano di Utrecht – inquisitore generale di Spagna – che lo reputò idoneo a smorzare le tensioni tra l'ufficio inquisitoriale e la comunità politica locale, innescate dall'attentato a un magistrato del tribunale, nel 1520. Tale obiettivo, tuttavia, non fu raggiunto e nel 1521 Albert dovette darsi alla fuga, riuscendo a rientrare a Maiorca scortato con le armi nel 1523, dove rimase poi fino al 1527 (quando fu trasferito a Valencia, sempre come inquisitore). L'anno successivo fece stampare il suo primo scritto, il *Tractatus sive quaestio de secreto*, in coda al quale Albert inserì una Epistola di elogio dell'opera che Adriano di Utrecht, ormai morto, gli aveva inviato prima dell'ascesa al papato. Il breve trattato fu poi ristampato nel 1534, anno in cui Albert pubblicò a Valencia la sua seconda opera sul diritto inquisitoriale: la *Repetitio nova*.

Trasferito in Sicilia, ricoprì importanti cariche, divenendo viceré vicario di Ferrante Gonzaga, vescovo di Patti e inquisitore dell'isola (tra il 1534 e il 1544 ma con un intervallo di sospensione del tribunale, per volere di Carlo V); intraprese, così, il rafforzamento dei privilegi del Sant'Uffizio, la riforma della sua diocesi, la persecuzione delle comunità ebraiche e greche e la repressione dei "luterani", emanando contro questi le prime leggi per il controllo della stampa e le prime sentenze capitali.

Nell'ultimo periodo della sua vita, Albert fu impegnato nella redazione della sua opera fondamentale, il *Tractatus de agnoscendis assertionibus catholicis, et haereticis*, pubblicato postumo nel 1554 e consacrato – grazie alla successiva inclusione nel volume XI, parte seconda dei *Tractatus Vniuersi Iuris* (1584-1586) – come opera imprescindibile di diritto inquisitoriale[1].

Ulteriori indizi bibliografici vengono forniti da Andrea Errera, il quale cita gli studi biografici su Albert di Pinuccia Di Gesaro, Giovanni Romeo e Paola Urbani[2].

Quest'ultima, in particolare, nel prezioso repertorio di scritti inquisitoriali da lei compilato, precisa che Albert era nativo di Muro nelle isole Baleari, si interessò in special modo alla definizione formale di eresia e approvò un editto – datato 28 gennaio 1543 – con il quale venivano condannate le pubbliche dispute di filosofia, teologia e arti liberali. Concluse, quindi, la sua carriera quale membro del *Gran Consejo*

---

[1] Per le notizie che precedono su Albert, cfr. la relativa voce curata da V. Lavenia in *Dizionario storico dell'inquisizione* diretto da A. Prosperi; con la collaborazione di V. Lavenia e J. Tedeschi, Edizioni della Normale, Pisa, 2010, p. 26.

[2] Cfr. A. Errera, *Processus in causa fidei: l'evoluzione dei manuali inquisitoriali nei secoli XVI-XVIII e il manuale inedito di un inquisitore perugino*, Monduzzi, Bologna, 2000, p. 115.

de la Inquisicion de Espana. Da quanto si apprende, aveva scritto un'opera in tre parti intitolata *Speculum Inquisitorum* che, tuttavia, andò dispersa prima di venir stampata – a parte alcuni fogli – a causa del naufragio della triremi che la trasportava. La prima edizione risalirebbe al 1553, a Palermo. Secondo la bibliografia di Var der Vekene, il testo non fu mai ristampato nel corso del Seicento e del Settecento[3].

D'altro canto, Pinuccia Di Gesaro – dopo aver inserito Albert tra gli autori di opere di demonologia – sottolinea l'importanza dei capitoli 24 e 25 del *De agnoscendis assertionibus catholicis, et haereticis*, nei quali viene trattata e risolta la controversa questione del volo delle streghe[4].

Quanto all'analisi proposta da Giovanni Romeo, questi sostiene che il caso di Albert è il più significativo tra le ipotesi di repressione della stregoneria maturate in contrapposizione ai presupposti teorici; lo stesso ricorda che l'inquisitore nel 1521 si era schierato a favore dell'illusorietà del sabba, ma in seguito si era ricreduto. Eloquente, in tal senso, sarebbe il modello repressivo da lui delineato nel *De agnoscendis assertionibus catholicis, et haereticis*[5]. A sostegno del proprio assunto, Romeo indica l'approfondimento svolto da Henry Charles Lea nel vol. IV del suo *A history of inquisition of Spain* (New York – London, 1907) e, in generale, su Albert rimanda alle indagini svolte da Johan Friedrich von Schulte nel vol. III del suo *Die Geschichte der Quellen und Literatur*

---

[3] Cfr. P. Urbani, *Manuali e raccolte ad uso degli inquisitori*, in *Inquisizione e Indice nei secoli XVI-XVIII. Testi e immagini nelle raccolte casanatensi*, a cura di A. A. Cavarra, Biblioteca casanatense, Roma, 1998, p. 19 n. 5.

[4] Cfr. P. Di Gesaro, *Streghe: l'ossessione del diavolo, il repertorio dei malefizi, la repressione*, Praxis 3, Bolzano, 1988, p. 73.

[5] Cfr. G. Romeo, *Inquisitori, esorcisti e streghe nell'Italia della Controriforma*, Sansoni, Firenze, 1990, p. 71.

des Canonischen Rechts... (Graz, 1956) e da R. Zapperi nella corrispondente voce da lui curata nel *Dizionario biografico degli italiani* (Roma, 1960)[6].

Altri studi bio-bibliografici più risalenti

Lo stesso Zapperi ci fornisce elementi aggiuntivi sulla formazione culturale e l'attività di Albert. Da lui, infatti, veniamo a sapere che quest'ultimo – ancor prima di aver compiuto vent'anni – abbracciò lo stato ecclesiastico e si addottorò in diritto canonico a Pavia l'11 ottobre 1509. Fu canonico della cattedrale di Maiorca a partire dal 19 ottobre 1510 e, grazie alla sua robusta preparazione canonistica, ottenne svariati benefici ecclesiastici e notevoli riconoscimenti, soprattutto dal concilio di Valenza del 1517. In un primo tempo intrattenne buoni rapporti col viceré Fernando Gonzaga, tanto che questi – durante la propria assenza dovuta a una spedizione contro i Turchi – gli affidò la presidenza del Regno dall'agosto 1538 fino agli inizi del 1539. Di lì a breve, però, si crearono forti attriti col potere vicereale, a causa della politica di Albert, mirante a rinvigorire ed estendere i privilegi del Sant'Offizio. L'acme di queste tensioni si raggiunse il 16 ottobre 1540, con la scomunica di Albert contro i giudici della Regia Gran Corte, colpevoli di aver proceduto verso un familiare del Sant'Offizio. Nel corso del 1541 e del 1542 si verificarono altri incidenti coi tribunali regi, fino alla rimozione di Albert, avvenuta il 16 dicembre 1543 a opera dello stesso Gonzaga, dall'ufficio di inquisitore.

Di fronte alla prima vera "minaccia" di espansione luterana in Sicilia, Albert pensò bene di usare il pugno di ferro,

---

[6] *Ivi*, p. 71.

mandando al rogo – il 30 maggio 1542 – la prima vittima luterana dell'Inquisizione siciliana: Perruccio Campagna, frate del terz'ordine di S. Franceso di Paola. Successivamente, il 21 ottobre 1543, organizzò a Palermo un altro *auto da fé*. Si occupò, tra l'altro, della persecuzione anche della nutrita comunità di Greci residente nell'isola, i quali nel 1542 minacciarono di trasferirsi in massa.

Nella diocesi di Patti svolse un'attività considerevole, riunendo nel 1537 un sinodo, dei cui atti (pubblicati forse nel 1538) si sono perse le tracce. Ad ogni modo, le costituzioni sinodali di Albert rivestono grande importanza, per via del fatto che quasi tutte furono rinnovate nei sinodi diocesani del 1567 e del 1584, quindi dopo il Concilio di Trento[7]. Non a caso, probabilmente, Guilelmus van Gulik individua Albert quale decano della chiesa di Maiorca[8].

Dettagli interessanti sulla controversa attività inquisitoriale di Albert emergono, in special modo, dalla lista degli *auto da fé* ordinati tra il 1537 e il 1572, rinvenuta dagli Archivi di Spagna da Carlo Alberto Garufi. Dalle sue note, infatti, apprendiamo che al tempo del viceré Don Ferrante Gonzaga, esattamente durante il primo lustro di sospensione dei privilegi inquisitoriali – ottenuta dal Parlamento Siciliano – il *Consejo Real de la Santa Inquisition* aveva proclamato in Sicilia, quale Grande Inquisitore del regno, l'allora vescovo di Patti: Arnau Albert; lo stesso, cioè, che nel 1540 aveva fatto imprigionare un aguzzino della Gran Corte contro il volere di Don Ferrante Gonzaga, provocando le note controversie con

---

7 Cfr. R. Zapperi, *Dizionario biografico degli italiani* III, Istituto della enciclopedia italiana, Roma, 1960, p. 722 (voce: *Albertini, Arnaldo*).

8 "[...] decanus eccl. Majoricen.". Cfr. G. van Gulik, C. Eubel, *3: Saeculum 16. ...* in *Hierarchia catholica...*, sumptibuset typis Librariae Regensbergianae, Monasterii, 1923, p. 266.

il marchese di Terranova; quello stesso che nel 1541, altresì, aveva lanciato una scomunica nei confronti di quattro giudici della Gran Corte e aveva suscitato la gravissima questione contro i Greci profughi da Corone, concludendo sfortunatamente la sua carriera come membro del *Gran Consejo de la Inquisicion de España*[9]. Ecco come Garufi descrive i particolari di alcuni di quei processi:

> Durava tuttavia la sospensione dei privilegi del tribunale Inquisitoriale, quando nel 1540 l'Inquisitore Don Diego De Oran, «subdelegato e Visitatore del S. Ufficio», faceva iniziare un processo contro Andrea lo Restivo [...], per aver posto a tortura Giovan Pietro Biondolillo, familiare, per comando del Presidente del Regno, Don Juan de Argon y Tagliavia marchese di Terranova. Nello stesso anno 1540 quel tribunale iniziava un altro processo, con le relative informazioni, contro i giudici della Gran Corte che avevano ordinato il carcere per Attilio Capozio, pur familiare, e si erano rifiutati per competenza di foro di consegnarlo, dopo i «monitori» dell'Inquisitore Albertino; il quale fulminò loro la scomunica, con lettere del 16 ottobre pubblicate nella cattedrale di Palermo e affisse in altre chiese della città. I giudici, spaventati dalla scomunica, terribile arma in quei tempi d'ignoranza e di superstizione, supplicarono tosto l'Inquisitore che li assolvesse «ad reincidentiam», finché il Viceré avesse deciso la questione di competenza giurisdizionale, non potendo essi farlo d'autorità propria, tanto più che ritenevano sospesa ancora l'autorità del tribunale della Inquisizione per

[9] Cfr. Carlo Alberto Garufi, *Contributo alla storia dell'inquisizione di Sicilia nei secoli XVI e XVII*, Scuola tip. "Boccone del povero", Palermo, 1920, pp. 104-105.

> le lettere di Carlo V date a Zante il 2 marzo [...]. L'inquisitore però, di rimando, non attese il giudizio del Viceré, anzi, inficiando le lettere di Carlo V come «suppositizie» per i falsi rapporti dei ministri del re, comandò loro di scarcerare sùbito l'accusato se volevano godere dell'assoluzione «ad reincidentiam». Quattro giorni dopo, 20 ottobre, quei giudici, sotto il peso dell'inesorabile scomunica, si piegavano umilmente ai voleri dell'Inquisitore, scarceravano Capozio, familiare del S. Ufficio, ed ottenevano l'assoluzione «ad reincidentiam».
>
> Se da una parte l'Inquisitore, come i fatti dimostrano, veniva aumentando la sua autorità, dall'altra il Viceré, ritornato a Palermo, pensava di porre un freno al prepotere degli ufficiali e familiari del S. Ufficio, proibendo loro l'asportazione delle armi già stabilite dalle antiche leggi, come apprendiamo dal rapporto segreto che il 30 gennaio 1541 l'Inquisitore spediva al Gran Consejo de España per gli opportuni provvedimenti.
>
> Due anni dopo, 27 febbraio 1543, Carlo V ordinava che, finito il termine di sospensione dei privilegi, il tribunale d'Inquisizione, «guardato, dirà più tardi il Franchina, come la pupilla degli occhi del Regno tutto e da tutti i fedeli venerato e ingrandito», riprendesse tutta intera la giurisdizione «de las causas sobre dichas y de todas las otras [...]»[10].

Inoltre, a partire dal 1539, si inaugurò una (tristemente) lunga serie di condanne delle eresie luterane in Sicilia, i cui processi furono accompagnati da rapporti al *Gran Consejo* e da editti speciali nel regno. Col primo di questi rapporti del 30 gennaio 1542 l'inquisitore Albert, che si sforzava di

[10] *Ivi*, pp. 200-201.

dimostrare – contrariamente al parere del viceré Gonzaga – quanto fosse dannoso il divieto agli ufficiali del S. Officio di portare armi, informa il

> Gran Consejo che fra pochi giorni si celebrerà atto di fede in cui si processeranno alcuni della setta luterana e fra Perruccio Campagna del 3° ordine di S. Francesco di Paola, ostinato in detta setta[11].

Fortunatamente per i condannati, l'*auto da fé* fu rinviato per mesi fino al 30 maggio, quando nella Cattedrale di Palermo furono «reconciliados en forma juris, por opinion lutherana» fra Andrea de Lucia dell'ordine di S. Francesco di Paola, eremita napoletano, e Domenico Rata mezenista, e «relaxado al braco secular, por heregias lutheranas», fra Perruccio Campagna della città di Messina. Due giorni dopo il processo, l'inquisitore ne diede notizia al viceré (che si trovava a Messina) e il 5 luglio ne inviò rapporto all'imperatore. Mentre, quindi, i primi due frati riuscirono a cavarsela con la "semplice" riconciliazione alla chiesa, seguita dall'abiura, lo sventurato fra Perruccio Campagna, perdendo la vita sul rogo, divenne il primo e vero martire della ferocia di Albert, non soltanto della Sicilia e dell'Italia ma di tutto l'impero di Carlo V.

Non pago, il 10 agosto lo stesso Albert scrisse a Don Ferrante Gonzaga «per la confiscazione di beni di due marinari apostati della nave del duca di Ferrara» e il 7 settembre inviò «lettera alli giurati di Messina acciò non si opponessero alla confiscazione di alcuni eretici, né allegassero contra privileggio». Né l'attività inquisitoriale del vescovo di Patti s'arrestò alle condanne anzidette. Con l'editto del 28 gennaio 1543,

---

[11] *Ivi*, p. 105.

in effetti, si preoccupò – oltre che di reprimere e sopprimere i fautori delle nuove tendenze religiose – anche di soffocare qualsiasi discussione[12].

Il 7 agosto del medesimo anno fu emanata un'altra sentenza e il 21 ottobre il popolo fu convocato per assistere a un altro *auto da fé* nella chiesa della Pinta, questa volta fortunatamente «in statua», contro prete Gratalaro, «alias de Candia, veneziano predicatore dell'ordine di S. Agostino, assente». Questo, per la Sicilia, fu anche l'ultimo *auto da fé* voluto da Albert, dal momento che il viceré Gonzaga, che già era stato più volte in contrasto con lui, riuscì finalmente ad allontanarlo dall'ufficio; di conseguenza, Carlo V, con sua lettera del 16 dicembre 1543, invitò Albert a rientrare nella sua sede vescovile di Patti,

> lasciando operare negli affari dell'Inquisizione al Dr. Gongora, finattanto che il cardinale Toledo, Inquisitore generale, non provvederà diversamente.

Alla luce della comunicazione della nomina del Gongora al Senato di Palermo da parte di Valladolid, in persona del Prosecretario Don Geronimo Garzia, a nome dell'Imperatore, c'è da pensare – secondo Garufi – che la corte di Valladolid in quel periodo agisse sotto l'influenza delle rivolte che si minacciavano contro l'Inquisizione nel Napoletano e in Sicilia[13].

L'analisi di questo studioso, in generale, rivela una presa di posizione più netta – rispetto ad altri – nei confronti di Albert, condensata in un diffuso giudizio di disvalore verso la sua attività.

---

12 Ivi, p. 106-107.

13 Cfr. *Ivi*, p. 108.

Nella densa bibliografia delineata dal sopra citato Zapperi, inoltre, viene segnalato un testo di Francesco Guglielmo Savagnone utile ad approfondire l'attività sinodale del canonico maiorchino[14].

Le costituzioni sinodali durante il vescovato a Patti

Proprio Savagnone, infatti, in una sezione della sua ricerca ristretta all'ambito di Patti nel 1536, mette in luce che nelle costituzioni sinodali del 1567 del vescovo Sebastiano si richiamano numerose volte le precedenti costituzioni del vescovo Arnaldo Albertini, che anzi furono espressamente riconfermate, qualora non urtassero con le nuove ordinazioni.

Quindi, in merito all'organizzazione delle parrocchie, il sinodo del 1567 abrogò una costituzione albertina assegnante la gestione parrocchiale a cappellani che si avvicendavano in servizio per una settimana, inoltre istituì per ogni parrocchia un rettore dei cappellani che imprimesse un indirizzo amministrativo uniforme. In seguito, nel sinodo del 1584, il vescovo Giliberti stabilì un ordinamento che, limitando a due anni la durata in carica dei *rectores* (arcipreti e curati) ma accordando, comunque, la possibilità della loro rielezione, cercava di mediare tra le disposizioni di Albert e quelle di Sebastiano.

Il sinodo del 1567, tra l'altro, riconfermò espressamente le costituzioni albertine con riguardo al sacramento dell'eucaristia; parimenti, conferì nuova efficacia alla costituzione albertina sull'obbligo degli eredi e degli esecutori testamentari di eseguire i legati pii entro l'anno a partire dalla morte del *de cuius*[15].

---

[14] Cfr. R. Zapperi, *op. cit.*, p. 723.

[15] Cfr. F. G. Savagnone, *Concili e sinodi in Sicilia*, Stabilimento Ti-

È presumibile che appartenga all'opera di Albert una costituzione sulle reputatrici, che fu riformata dal sinodo del 1567 ed è menzionata come *constitutio synodalis* senza precisare se si tratti del sinodo albertino.

Quanto alla forma per la celebrazione del matrimonio, fu esplicitamente salvaguardata quella prescritta nelle costituzioni del vescovo Albert.

Circa l'assoluzione dei peccati nei casi riservati al vescovo, ancora il sinodo del 1567 ripropose fedelmente una costituzione albertina (che nel sinodo del 1536 era contrassegnata dal numero d'ordine 44).

In modo simile, furono mantenute in vigore le pene fissate dalle costituzioni albertine verso coloro che non si confessassero e comunicassero almeno una volta all'anno nella domenica in albis.

Infine, nel sinodo del 1567 si operò anche un'integrale riproduzione della costituzione albertina sui danneggiamenti della proprietà privata[16].

Un'altra costituzione albertina revocava l'indecorosa cerimonia del vescovetto, consistente nel portare – nel giorno degli Innocenti – per la chiesa e per le vie un fanciullo che, travestito con le insegne vescovili, benediceva il popolo.

Le costituzioni sinodali di Albert furono probabilmente stampate nel 1538[17] ma l'edizione, preziosa per la storia dei sinodi siciliani, è considerata purtroppo introvabile. L'importanza delle costituzioni albertine si desume dal fatto che furono riconfermate non soltanto nel sinodo del vescovo Sebastiano del 1567, ma pure nel sinodo del vescovo Gili-

po-Litografico dell'Impresa Generale d'Affissione e Pubblicità già Filippo Barravecchia e F.o, Palermo, Palermo, 1910, p. 132.

16 Cfr. *Ivi*, p. 133.

17 Cfr. *Ivi*, p. 134.

berti nel 1584[18]. L'impressione generale che si può ricavare dalle pagine di Savagnone, dunque, è quella di una sorta di panegirico dell'opera di Albert vescovo, tratteggiato – come si legge – non senza argomenti convincenti a sostegno della propria apologia.

Ancora sul periodo vescovile: la distruzione di Patti

Tra le fonti più datate, completa il quadro della fase pattese lo studio condotto da Nicola Giardina. Da questi apprendiamo che Albert, di origini nobili, fu eletto dall'Imperatore Carlo V e confermato nel settembre del 1536 da papa Paolo III, le cui bolle vennero registrate a Palermo nell'ottobre dello stesso anno.

Nel 1536, in assenza dell'Arcivescovo Giovanni Carandolet dalla Metropolitana Sede di Palermo, fu invitato da quel Senato a consacrare il Duomo. Una volta giunto in sede, tuttavia, sottrasse all'Arcidiacono di quella Cattedrale la facoltà di decidere sulle cause di concubinaggio[19].

In mancanza del viceré di Sicilia Don Ferdinando Gonzaga – scelto nel 1538 come comandante delle truppe di sbarco dal noto ammiraglio Andrea Doria (dopo che questi approdò a Messina), il quale era stato posto a capo di una flotta armata dall'imperatore Carlo V a difesa dalle incursioni del pirata Ariadeno da Algeri, detto il Barbarossa – il supremo potere dell'isola fu consegnato al vescovo Albert, assieme alla dignità di Presidente del Regno.

Dopo aver assunto questa illustre funzione, quest'ultimo inviò al Sommo Pontefice Paolo III 10.000 salme di frumen-

---

[18] Cfr. *Ivi*, p. 135.

[19] Cfr. N. Giardina, *Patti e la cronaca del suo vescovato*, Tip. arciv. S. Bernardino, Siena, 1888, p. 122.

to acquistato nell'isola, per arginare la carestia che in quel tempo attanagliava la capitale.

In effetti, dal carteggio tra Don Ferrante Gonzaga e Carlo V – raccolto e commentato dal prof. Gaetano Capasso – appare chiara l'urgenza del primo di armare la Sicilia e poi Napoli, nel caso in cui il Barbarossa avesse meditato di assalire dapprima l'isola[20].

Don Ferrante, in conclusione, prendeva atto che la costa orientale da Messina a Siracusa era la più debole, non essendoci porti o terre di rilevanza nelle altre due da Siracusa a Trapani e da Trapani a Messina, eccetto Palermo e Milazzo. Di conseguenza, essa procurava un facile accesso a invasioni, poiché aveva splendidi porti, vaste città, paesi molto floridi e piani da poter cavalcare quasi in ogni senso, oltre a terre popolose e aperte, che presentavano un ricco e sicuro bottino; in tal modo, la difesa sarebbe dovuta essere affidata a una battaglia campale che, tuttavia, per cautela è meglio evitare, in quanto sempre di esito incerto. Questa vulnerabilità era accresciuta, tra l'altro, dalla comodità che offriva il faro di accogliere una flotta, consentendo a un esercito via terra di espugnare Messina[21].

Come temuto, durante la lontananza di Albert dalla sede vescovile, nel 1544, Barbarossa – dopo aver costeggiato tutta l'isola – sbarcò a Lipari, si impossessò di quel castello, condusse alle galere ottomila tra quelli sfortunati che si erano rifugiati nel castello e poi si imbarcò alla volta di Patti.

---

[20] Cfr. G. Capasso, *Il governo di Don Ferrante Gonzaga in Sicilia dal 1535 al 1543*, in *Arch. Stor. Siciliano*, N. S. Anno XXX-XXXI, Scuola tip. "Boccone del povero", Palermo, 1906, pp. 56-57. Si noti che, di tale opera, Zapperi – nella sua bibliografia su Albert – cita per errore le pagine da 394 a 398, in realtà inesistenti, dal momento che il testo si conclude a p. 303 (cfr. R. Zapperi, *op. cit.*, p. 723).

[21] Cfr. *Ivi*, pp. 58-59.

Gli abitanti, impotenti in confronto alle forze del corsaro, evacuarono il paese, fuggendo per le campagne; così che i turchi trovarono la città deserta ed ebbero gioco facile nel saccheggiarla senza pietà.

La devastazione durò svariati giorni, fino a quando alcune compagnie di Cavalleria giunsero nei dintorni; per cui i barbari, ritenendosi soddisfatti della preda conquistata, la imbarcarono e si volsero in direzione di Messina[22].

Nel medesimo anno del sacco di Patti, il vescovo Albert fu mandato a rappresentare la città, quale deputato non solo del potere ecclesiastico ma anche civile, ai comizi generali del regno tenuti in Palermo. Dopo la sua morte, avvenuta il 7 ottobre 1544, a seguito di una gravissima infermità, il suo corpo fu sepolto nella chiesa di S. Domenico.

Il fatto che Giardina, nel finale, appelli Albert come «insigne Prelato» al quale «Nicolò Antonio in Biblioteca Hispana profonde immensi elogi» fa supporre che anche questo studioso propenda per un'opinione complessivamente favorevole verso la figura del vescovo di Patti[23].

Notizie inedite su vicende istituzionali e avventurose di Albert

Infine, la fonte più risalente che sono riuscito a reperire consiste nella voce su Albert inserita nella sua galleria di scrittori baleari da Joaquin Maria Bover. Questo autore – attingendo, in parte, anche da testimonianze di cronachisti – ci consegna il ritratto di un dotto e insigne teologo, fautore di una delle biblioteche più vaste del secolo, presen-

[22] Cfr. N. Giardina, *op. cit.*, p. 123.

[23] Cfr. *Ivi*, pp. 124-125.

tandoci un affresco della vita di Albert densa di successi e riconoscimenti, non priva di disavventure e peripezie quasi sempre, però, terminate a buon fine[24]. Bover fornisce, in tal modo, informazioni su Albert non ancora scandagliate a fondo, anche per la mancanza, sino a oggi, di una compiuta traduzione dallo spagnolo del suo scritto. Ho ritenuto, perciò, opportuno cimentarmi personalmente in una versione italiana del documento in questione che, seppur non esente da possibili imprecisioni terminologiche, tuttavia mi sembra imprescindibile – nel quadro generale di una completa analisi sull'autore – al fine di restituire particolari inediti e acquisirli in via definitiva. Ecco di seguito, quindi, il brano tradotto di Bover:

> Uno degli uomini più sapienti del suo tempo, e tanto eminente in questioni dogmatiche che nessuno lo ha diviso, come così lo rimpiange il padre Custurer. Gli autori gli danno per patria la cittadina di Muro, nella quale nacque il giorno 21 febbraio 1480 da Bernardo Albertini e da sua moglie Pedrona[25]. È innegabile che, anche se rare volte, l'araldica ha prestato ottimi servizi alla storia, e uno dei pochi esempi che possiamo citare di questa verità, è quello di essere debitori con l'araldica, del cognome materno di Arnaldo, che è quello di Fortuny, quando molti hanno erroneamente preteso che sua madre si

---

[24] Cfr. J. M. Bover, *Biblioteca de escritores baleares* I, J. P. Gelabert, Palma de Mallorca, 1868, pp. 9-13.

[25] "Uno de los mas sàbios varones de su tiempo, y tan eminente en materias dogmáticas que ninguno le ha escedido [lett.= scisso], como así lo siente el padre Custurer. Los autores le dan por patria la villa de Muro, en la que nació el día 21 de febrero de 1480 de Bernardo Albertí y de su esposa Pedrona". Da notare che "sàbios" può essere tradotto anche con "saggi." *Ivi*, p. 9 a.

chiamava Pedrona Company[26]. Lo scudo di armi che mise Arnaldo sul frontespizio delle sue opere si compone dell'albero, stemma di Albertini, e dai cinque pani, che sono quelli di Fortuny, e sullo stesso scudo scrisse i seguenti versi, dichiarando in essi che con i *pani* materni si è introdotto un *albero* illustre, e con antichi cittadini (i Fortuny) un militare veterano nelle armi. "Insita maternis | generosa est panibus arbos: Civibus antiquis | miles in arma vetus"[27].

Gli altri dettagli che andiamo a fornire della vita di Arnaldo Albertini, li abbiamo acquisiti da un documento scritto in latino e stampato quando ancora [egli] viveva, da diversi passi delle sue opere e da ciò che di lui riferiscono i cronisti baleari[28]. Contava l'età di 19 anni quando si trasferì a Lérida, e al quinto della sua residenza in quella città già insegnò pubblicamente, nella università di lettere della stessa, il diritto civile. Da Lérida ritornò a Maiorca e da qui

---

[26] "Es innegable que, aunque raras veces, la heráldica ha prestado [= fornito] muy buenos servicios á la historia, y uno de los pocos ejemplos que podemos citar de esta verdad, es el de ser deudores á la heréldica, del apellido materno de Arnaldo, que es el de Fortuñy, cuando equivocadamente muchos han pretendido que su madre se llamaba Pedrona Compañy." *Ibidem.*

[27] "El escudo de armas [= stemma] que puso Arnaldo en la portada de sus obras , se compone del árbol, blason de Albertí, y de los cinco panes, que son los de Fortuñy , y sobre el mismo escudo escribió los versos siguientes , declarando en ellos que con los *panes* maternos se ha ingertado un *árbol* ilustre , y con antiguos ciudadanos (los Fortuñy) un militar veterano en las armas. Insita maternis | generosa est panibus arbos: Civibus antiquis | miles in arma vetus." *Ibidem.*

[28] "Los demas pormenores que vamos á dar de la vida de Arnaldo Albertì, los hemos tomado de una relación escrita en latín é impresa cuando aun vivia, de varios pasages de sus obras y de lo que de él refieren los cronistas baleares." *Ibidem.*

si imbarcò per Genova, ricevendo a Pavia il nastro di Dottore in diritto canonico il giorno 11 ottobre 1509[29]. Continuava applicandosi allo studio delle scienze e delle lettere: possedeva già [la conoscenza del] l'ebraico e molti altri idiomi che gli facilitarono la lettura di buoni autori e il desiderio di acquisire libri per dare inizio alla sua Biblioteca che, secondo Vargas Ponce, fu una delle più voluminose e scelte del secolo XVI. Ignoriamo con quale ragione suo zio D. Gaspar Albertini risiedeva a Roma, per dove partì D. Arnaldo, ottenendo un canonicato nella Cattedrale di Maiorca, che quello gli cedette, di cui entrò in possesso il 19 ottobre 1510[30]. Da questo momento si suscitò, tra il clero e le giurie del Regno, la competenza di se gli ecclesiastici debbano contribuire o no alla sovvenzione per la riparazione delle mura, e decidendosi i dotti dell'isola per l'affermativa, solo Albertini sostenne contro di loro le dispute vinte che ebbero luogo, fondando il suo giudizio su ragioni tanto consistenti che il clero ottenne di rimanere libero da quel peso, mentre il Sommo Pontefice non intervenne[31]. Estremamente lusingato per la vittoria

[29] "Contaba la edad de 19 años cuando pasó á Lérida , y al quinto de su residencia en aquella ciudad ya enseñó publicamente, en la universidad literaria de la misma, el derecho civil. De Lérida regresó á Mallorca y de aquí se embarcó para Génova, recibiendo en Pavía la borla [= pergamena] de Doctor en derecho canónico el dia 11 de octubre de 1509." *Ivi*, p. 9 a-b.

[30] "Continuaba aplicándose al estudio de las ciencias y de las letras: poseia ya el hebreo y otros muchos idiomas que le facilitaron la lectura de buenos autores y el deseo de adquirir libros, para dar principio á su Biblioteca que, segun Vargas Ponce, fué una de las mas voluminosas y escogidas del siglo XVI. Ignoramos con que motivo residia en Roma su tio D. Gaspar Albertí, para donde partió D. Arnaldo, obteniendo una canongía en la Catedral de Mallorca , que aquel le cedió, de la que se posesionó en 19 de octubre de 1510." *Ivi*, p. 9 b.

[31] "Por este tiempo se suscitó , entre el clero y jurados del Reino, la

di suo nipote, lo zio di Albertini gli procurò il Rettorato della cittadina di Campos, che gli fu conferito il 18 settembre 1511. Fu Vicario generale di Maiorca all'epoca del vescovo D. Diego de Ribera e anche dopo la sua morte, essendo vacante la sedia episcopale di questa Diocesi[32]. Albertini ottenne un nuovo alloro nel consiglio provinciale radunato a Valencia dall'arcivescovo (Mons.) D. Alfonso d'Aragona, nel settembre del 1517, conseguendo con i suoi vittoriosi argomenti lo scioglimento dell'assemblea per difetto di potere nei delegati, come lo dimostrò così vigorosamente, contro le rivendicazioni di quel prelato, e lo prova il suo stesso Vicario generale D. Francisco Soler, in una lettera dell'8 dello stesso mese, scritta al capitolo cattedrale di Maiorca, nella quale elogiava la saggezza di Albertini e la sua esperienza negli affari ecclesiastici, documento che P. Villanueva copiò integro nel volume XXII del suo *Viage literario à las Iglesias de España*[33]. Nominato Inquisitore di Maior-

competencia de si los eclesiásticos debían ó no contribuir al subsidio para la reparacion de los muros, y decidiéndose por la afirmativa [= in senso affermativo] los letrados de la isla, solo Albertí sostuvo contra ellos las reñidas disputas que tuvieron lugar, apoyando su dictàmen en tan sólidas razones, que logró quedase libre el clero de aquella carga, mientras no interviniese el Sumo Pontífice." *Ibidem.*

32 "Halagado en estremo el tio de Albertì por la victoria de su sobrino, le procuró la Rectoría de la villa de Campos, que se le confirió en 18 de setiembre de 1511. Fué Vicario general de Mallorca en tiempo del obispo D. Diego de Ribera y también después de su muerte, vacando la silla episcopal de esta Diócesis." *Ibidem.*

33 "Nuevo lauro [= trionfo] consiguió Albertí en el concilio provincial congregado en Valencia por el arzobispo D. Alfonso de Aragón, en setiembre de 1517, logrando con sus victoriosos argumentos la disolucion de la asamblea por falta de potestad en los delegados, como así lo demostró enérgicamente, contra las pretensiones de aquel prelado, y lo prueba su mismo Vicario general D. Francisco Soler , en carta de 8 del

ca, dal Cardinal Adriano, che in seguito fu Sommo Pontefice con il nome di Adriano VI, e successivamente assegnato con uguale carica dall'Ill.mo Sig. D. Alonso Manrique, vescovo di Alcalá, in Sicilia, Saragozza, Barcellona o Valencia, optò per quest'ultima città, e si imbarcò il 10 settembre 1527 per svolgere la sua importante attribuzione. Partecipò alle corti di Monzon, nelle quali si esaminarono diverse questioni che toccavano la funzione di Inquisitore, ottenendo il plauso generale per i suoi brillanti discorsi[34]. Nominato più tardi Decano della Santa Chiesa di Maiorca dal Cardinale Campegio, prelato di questa Diocesi, e l'11 aprile 1534 vescovo di Patti, dall'imperatore Carlo V, fu consacrato nella Cattedrale di Valencia, prendendo possesso della sua mitra il 27 ottobre dello stesso anno[35]. Nel 1535 si imbarcò a Barcellona, e dopo aver toccato in diversi porti, giunse a Palermo. Là fu incaricato di presentare a Carlo V, arrivato po-

---

mismo mes, escrita al cabildo de Mallorca, en la que alaba la sabiduría de Albertí y su práctica en los negocios eclesiásticos, documento que copia íntegro el P. Villanueva en el tomo XXII de su *Viage literario á las iglesias de España.*" *Ivi*, pp. 9 b-10a.

[34] "Nombrado Inquisidor de Mallorca, por el Cardenal Adriano, Inquisidor general, que despues fué Sumo Pontífice con el nombre de Adriano VI, y destinado posteriormente con igual encargo, por el Ilmo. Sr. D. Alonso Manrique, obispo de Alcalá, á Sicilia, Zaragoza, Barcelona ó Valencia, obtó por esta última ciudad, y se embarcó en 10 de setiembre de 1527 para desempeñar su importante destino. Asistió á las córtes de Monzon, en las que se ventilaron varios negocios tocantes al oficio de Inquisidor, logrando general aplauso por sus luminosos discursos." *Ivi*, p. 10 a.

[35] "Nombrado sucesivamente Dean de la Santa Iglesia de Mallorca por el Cardenal Campegio, prelado de esta Diócesis , y en 11 de abril de 1534 obispo de Pati, por el Emperador Cárlos V , fué consagrado en la Cetedral de Valencia, tomando posesion de su mitra en 27 de octubre del mismo año." *Ibidem*.

chi giorni prima, la donazione di 250.000 ducati che gli offrirono i magnati e le alte dignità ecclesiastiche di quella città. Restituito alla sua diocesi di Patti, dispiegò il suo zelo per riformarla, convocando un Sinodo episcopale, e ordinando di stampare i loro precetti e costituzioni sinodali[36]. Tornò un'altra volta a Palermo per incaricarsi dell'autorità di Inquisitore, e fu qui dove la fortuna gli preparava l'occasione più brillante per distinguersi per le sue capacità governative, e per dargli a conoscere fino a dove aveva conquistato la stima e fiducia dei suoi sovrani[37]; quindi sentendo il Viceré di Sicilia Fernando Gonzaga porsi al fronte dell'armata predisposta per Venezia e l'Imperatore, per contrastare la tremenda [armata] del turco *Barbarossa*, che si preparava a invadere le terre dei cristiani; per reggere il viceregno, durante l'assenza di quello, fu scelto Albertini, della cui nomina furono d'accordo unanimi il Regno e il Consiglio[38]. Da allora scomparvero in quegli stati

---

[36] "En el de 1535 se embarcó en Barcelona, y despues de haber tocado en varios puertos, llegó á Palermo. Allí fué el comisionado para presentar á Cárlos V, llegado pocos días antes, el donativo de 250,000 ducados que le ofrecieron los magnates y altas dignidades eclesiásticas de aquella ciudad. Restituido á su Diócesis de Pati, desplegó su celo en reformarla, convocando Sinodo episcopal, y mandando imprimir sus leyes y constituciones Sinodales." *Ibidem.*

[37] "Volvió otra vez á Palermo para encargarse de la autoridad de Inquisidor, y aquí fué donde la fortuna le preparaba la mas brillante ocasion para distinguirse por sus talentos gubernativos, y para darle á conocer hasta donde se habia grangeado el aprecio y confianza de sus soberanos;" *Ivi*, p. 10 a-b.

[38] "pues teniendo el Virrey de Sicilia Fernando Gonzaga que ponerse al frente de la armada aprestada por Venecia y el Emperador , para contrarestar la formidable del turco *Barbaroja*, que se disponia á invadir las tierras de los cristianos; fué elegido Albertí para regentar el virreynato, durante la ausencia de aquel, cuyo nombramiento aplaudieron unánimes

le rapine, violenze e omicidi, per il suo vigore e il carattere giustiziere della sua amministrazione, che durò più di tre mesi[39]. Dopo aver cessato il governo di Arnaldo per il ritorno del principe Gonzaga dell'Ellesponto, e desideroso di trasferirsi definitivamente nel suo vescovato e riposare in esso da tante gloriose fatiche, si vide costretto a imbarcarsi il 25 febbraio 1539 per sottrarsi agli oltraggi, e forse alla morte, [da parte] dei soldati che senza obbedienza e senza ritegno, cominciavano a infestare da questo momento le strade e campi di quella regione[40].

Sopraggiunta a poco dalla sua navigazione una residua burrasca, nella quale naufragò la nave in cui era, con imminente pericolo della sua vita, avendo la fortuna di scampare a una morte certa per mezzo di alcuni marinai che lo tirarono fuori a nuoto. Per ricordo di questo naufragio, Albertini fece realizzare una croce da una scheggia della nave in cui era imbarcato, presa dal capo della catena alla quale si aggrappò nel cadere nel mare[41]. Questa croce esi-

el Reino y el Consejo." *Ivi*, p. 10 b.

39 "Desaparecieron desde luego en aquellos estados los robos, insolencias y asesinatos, por su energia y carácter justiciero de su administracion, que duró mas de tres meses." *Ibidem*.

40 "Habiendo cesado el gobierno de Arnaldo por la vuelta del príncipe Gonzaga del Helesponto, y deseoso de trasladarse definitivamente á su obispado y descansar en él de tan gloriosas fatigas, se vió obligado á embarcarse en 25 de febrero de 1539 para sustraerse á los ultrajes, y á la muerte tal vez, de la soldadesca que, sin disciplina y sin freno, empezaba á infestar por este tiempo los caminos y los campos de aquella comarca." *Ibidem*.

41 "Sobrevino á poco de su navegacion una desecha borrasca, en la que naufragó el navio en que iba, con inminente peligro de su vida, teniendo la fortuna de librarse de una muerte cierta por medio de algunos marineros que le sacaron á nado. Para memoria de este naufragio, hizo Albertí fabricar una cruz de una astilla del buque en que iba embarcado, asida

stette nella Chiesa di Gesù oltre le mura di Palma, fino all'espulsione dei regolari [abitanti] nel 1835, con una splendida vergine di marmo che stringeva una catena nella mano e il vescovo maiorchino stava afferrato a lei, monumenti che sicuramente si saranno perduti come molti altri del loro genere[42]. Se[b] bene Albertini salvò la sua vita in quella occasione sentì di lamentare la perdita di alcune opere che nei pochi intervalli oziosi aveva scritto e che aveva con sé; opere che, regolarmente, saranno apprezzabili come prodotto delle ampie conoscenze di uomo tanto esperto[43]. Si contavano tra quelle, secondo [ciò che] lo stesso assicura: *Materia Lucitatis. – Repetitio omnis utriusque sexus. – De poenis et remissionibus.* – E un trattato che probabilmente gli diede molta importanza e reputazione, poiché in esso si esaminava la validità del matrimonio di D.a Catalina, zia dell'imperatore d'Austria Carlo V, con Enrico VIII re d'Inghilterra. In questo scritto Albertini dimostrò tanta eloquenza, che il suo parere trionfò e fu preferito agli infiniti [pareri] che allora si diedero sull'argomento dagli uomini più sapienti di quel tempo, e inclinò l'animo di Sua Santità a favore dei diritti della regina[44]. Non sappiamo se in quel periodo si perse

del cabo de la cadena á que se agarró al caer á la mar." *Ibidem.*

[42] "Esta cruz existió en la iglesia de Jesus extramuros de Palma, hasta la espulsion de los regulares en 1835, con una hermosa virgen de mármol que tenia una cadena en la mano y el obispo mallorquin estaba asido á ella, monumentos que seguramente se habrán perdído como otros muchos de su clase." *Ivi*, pp. 10 b-11a.

[43] "Si bien el insigne Albertí salvó su vida en aquella ocasion, tuvo que lamentar la pérdida de algunas obras que en los pocos ratos ociosos habia escrito y que llevaba consigo; obras que, regularmente, serian apreciables como producto de los vastos conocimientos de hombre tan consumado." *Ivi*, p. 11 a.

[44] "Contábánse entre ellas, segun el mismo asegura: *Materia Lucitatis.*

anche l'altra produzione di Albertini, che citano gli annalisti di Aragona Zayas e Sabater, che è il parere che [Albertini] diede su alcune enunciazioni di Juan Doria, al quale aveva domandato a Saragozza davanti a un consiglio di ventidue teologi[45]. Da Bosa, dove approdò dopo [essere] sfuggito dalla tempesta, fu condotto a spalle, con una portantina, fino al suo palazzo episcopale di Patti. Là visse alcuni anni in mezzo alle sue amate pecore, le quali presero a piangere la sua morte avvenuta in detta città nel 1545. Le opere che ci sono rimaste di figura tanto eminente e di scrittore così distinto sono[46]:

I. *Commentaria super artis Magistri Raymundi Lulli.* Manoscritto che citano D. Vicente Mut, D. Buenaventura Serra e D. José Barberi. Il primo direbbe che furono stampati[47].

– *Repetitio omnis utriusque sexus.* – *De poenis et remissionibus.* – Y un tratado que probablemente le dió mucha importancia y nombradía, pues en él se ventilaba la validez del matrimonio de D.a Catalina, tia del emperador de Austria Cárlos V, con Enrique VIII rey de Inglaterra. Tanta elocuencia mostró Albertí en este escrito, que su parecer venció y fué preferido á loe infinitos que entonces se dieron sobre el particular por los mas sàbios varones de aquel tiempo, é inclinó el ánimo de Su Santidad á favor de los derechos de la Reina." *Ibidem.*

45 "No sabemos si entonces se perdió tambien otra produccion de Albertí, que citan los analistas de Aragon Zayas y Sabater, que es el dictámen que dió por encargo del Sumo Pontífice, sobre ciertas proposiciones de Juan Doria, á quien habia interpelado en Zaragoza ante una junta de veinte y dos teólogos." *Ibidem.*

46 "Desde Bosa, en donde tomó tierra [lett.: "prese terra"], despues de librado de la tempestad, fué llevado en hombros, con una portantina, hasta su palacio episcopal de Pati. Allí vivió algunos años en medio de sus amadas ovejas , las que tuvieron que llorar su muerte acaecida en dicha ciudad en 1545. Las obras que nos han quedado de tan eminente sugeto y de escritor tan distinguido son:" *Ibidem.*

47 "I. *Commentaria super artis Magistri Raymundi Lulli.* Manuscrito

II. *Clarissimi el perspicacissimi Juris utriusque doctoris ac viri patricii Dni. Arnaldi Albertini canonici, hereticeque pravitatis Inquitisitoris olim Majoricensis, nunc vero regni Valentini, tractatus seu questio de Secreto, quando debeat aut non debeat revelari, necessaria quidem et perutilis, diebus multis recondita, modo autem ob comunem utilitatem, ingentesque non nullorum peritorum preces, in laudem edita. Non judices lector anteque perscruteris.* 1528. 1 t. 4.° di 37 fogli, lettera gotica, copertina con bordo e lo scudo di armi di Albertini e Fortuny[48]. Alla fine del libro si legge: – «Explicit ad laudem Dei ejusque intermerate genitricis Mariae et Virginis, tractatus seu questio de Secreto quando debeat aut non debeat revelari. Una cum ejusdem utilissimo repertorio. Edita per clarissimum Juris utriusque consultum dominum Arnaldum Albertínum canonicum Ecclesie Majoricensis Inquisitoremque Regni Valentini. Impresa Valentie industria probi viri Johannis Joffre chalcografi Valentini. Expensis Dni. Bernardi Albertini Domicelli nepotis ex fratre dicti auctoris. Kalendis augusti. Anno á virgineo partu millessimo quingentessimo vicesimo octavo»[49]. – [libro] Che

que citan D. Vicente Mut, B. Buenaventura Serra y D. José Barberi. El primero dice que se imprimieron." *Ivi*,, pp. 11 a-b.

[48] "II. *Clarissimi el perspicacissimi Juris utriusque doctoris ac viri patricii Dni. Arnaldi Albertini canonici, hereticeque pravitatis Inquitisitoris olim Majoricensis, nunc vero regni Valentini, tractatus seu questio de Secreto, quando debeat aut non debeat revelari, necessaria quidem et perutilis, diebus multis recondita, modo autem ob comunem utilitatem , ingentesque non nullorum peritorum preces , in laudem edita. Non judices lector anteque perscruteris.* 1528. 1 t. 4.° de 37 fólios , letra gótica, portada con orla y el escudo de armas de Albertí y Fortuñy." *Ivi*, p. 11 b.

[49] "A lo último del libro se lee: – «Explicit ad laudem Dei ejusque intermerate genitricis Mariae et Virginis , tractatus seu questio de Secreto quando debeat aut non debeat revelari. Una cum ejusdem utilissimo

avesse un'altra edizione con questo titolo: *Clarissimi et perspicacissimi Juris utriusque doctoris Dni. Arnaldi Albertini canonici hereticeque pravitatis apostolici Inquisitoris tunc Majoricensis, nunc vero Valentinensis ac Episcopi Pattensis tractatus sive questio de Secreto necessaria quidem et perutilis: olim in lucem edita modo autem á viciis impresorum purgata , iterum prodit.* 1534, in folio, lettera gotica, a due colonne, impaginatura romana, 24 fogli, copertina con bordo e in essa, nella parte inferiore, scudo diviso in quattro di Albertini e Fortuny, e nella [parte] superiore questi versi:

Antequam perscuteris | non reprehendas:
Intellige prius | et tunc incraepa[50].

Alla fine di questa seconda edizione si legge: «Impresa Valentie industria probi viri Francisci Romani chalchographi Valentini. Anno á virgineo partu millessimo quingentessimo tricesimo quarto.» Questa

---

repertorio. Edita per clarissimum Juris utriusque consultum dominum Arnaldum Albertínum canonicum Ecclesie Majoricensis Inquisitoremque Regni Valentini. Impresa Valentie industria probi viri Johannis Joffre chalcografi Valentini. Expensis Dni. Bernardi Albertini Domicelli nepotis ex fratre dicti auctoris. Kalendis augusti. Anno á virgineo partu millessimo quingentessimo vicesimo octavo.» – " *Ibidem.*

[50] "Hay otra edicion con este titulo: *Clarissimi et perspicacissimi Juris utriusque doctoris Dni. Arnaldi Albertini canonici hereticeque pravitatis apostolici Inquisitoris tunc Majoricensis, nunc vero Valentinensis ac Episcopi Pattensis tractatus sive questio de Secreto necessaria quidem et perutilis: olim in lucem edita modo autem á viciis impresorum purgata , iterum prodit.* 1534, en folio , letra gótica, á dos columnas , foliacion romana , 24 hojas, portada con orla y en ella , en la parte inferior , escudo cuartelado de Albertí y Fortuñy , y en la superior estos versos: Antequam perscuteris | non reprehendas: Intellige prius | et tunc incraepa." *Ivi*, pp. 11 b-12 a.

opera il suo autore la concluse a Maiorca il 1° luglio 1520, e nella lettera che colloca all'inizio, indirizzata a Juan Ruiz de Calcena, Barone di Ryesio, in Sicilia, segretario dell'imperatore Carlo V; rivela i motivi che ebbe per scriverla[51].

III. *Repetitio nova, sive commentaria rubricae et C. I. De Hereticis Li. VI. Clarissimi et perspicacissimi utriusque censurae interpretis Dni. Arnaldi Albertini canonici et decani Majoricen. ac electi Episcopi Pactensis Inquisitorisque apostolici adversus haereticam et apostaticam pravitatem in Regno Valentiae. Excudebatur Valentiae anno á natali Domini Milessimo* (sic) *tricesimo quarto*. 1.t. folio, lettera gotica, a due colonne, impaginatura romana, 161 fogli, senza contare i preliminari e un lungo indice alfabetico: la copertina porta bordo con lo scudo di armi del Cardinale Alfonso Manrique, arcivescovo di Siviglia, al quale è dedicata l'opera, e quello [scudo] del suo autore, posto in calce ai versi descrittivi dello stesso che prima abbiamo copiato[52].

---

[51] "Al final de esta segunda edicion se lee: «Impresa Valentie industria probi viri Francisci Romani chalchographi Valentini. Anno á virgineo partu millessimo quingentessimo tricesimo quarto. » Esta obra la concluyó su autor en Mallorca en 1.° de julio de 1520, y en la epistola que pone al principio , dirigida á Juan Ruiz de Calcena, baron de Ryesio , en Sicilia, secretario del Emperador Cárlos V; manifiesta los motivos que tuvo para escribirla." *Ivi*, p. 12 a.

[52] "III. *Repetitio nova, sive commentaria rubricae et C. I. De Hereticis Li. VI. Clarissimi et perspicacissimi utriusque censurae interpretis Dni. Arnaldi Albertini canonici et decani Majoricen. ac electi Episcopi Pactensis Inquisitorisque apostolici adversus haereticam et apostaticam pravitatem in Regno Valentiae. Excudebatur Valentiae anno á natali Domini Milessimo* (sic) *tricesimo quarto*. 1. t. fólio, letra gótica, á dos columnas, foliacion romana, 161 hojas, sin contar los preliminares y un largo índice alfabético: la portada lleva orla con el escudo de armas del Cardenal Alfonso Manrique, arzobispo de Sevilla , á quien vá dedicada

Questo libro il Dr. Albertini lo lasciò concluso, il 5 Agosto 1526: è opera che celebrano vari autori, essendo notevole quello che dice di nostro Ramon Lull., nella pag. CI, col. CCCCV[53]. Da ultimo si legge: «Explicit ad laudem Dei ejusque intemeratae genitricis Mariae et virginis solemnissima et nova Repetitio Rubrice et capituli primi de hereticis Libro sexto: nunquam antea in lucem prodita. Edita á clarissimo ju. vtri. consulto Dno. Arnaldo Albertino tunc canonico et Inquisitore Regni Majoricen. nunc vero Episcopo Pacten. et Inquisitore apostolico Regni Valentini. Impressa Valentie industria probi viri Francisci Romani hujus Valentinae civitatis incolae, octavo kalendis septembris , anno á virgineo partu MDXXXIIII.» [libro] Che avesse un'altra edizione di Venezia, del 1587, che non abbiamo visto più che citata[54].

IV. *Tractatus de agnoscendis assertionibus catholicis et haereticis editus á R. P. Domino Arnaldo Albertino Majoricensi J. V. D. Episcopo Pactensi Inquisitori apostolico adversus haereticos apud siculos Siciliae citerioris. Panhormum MDLIIII.* 1. t. folio,

la obra , y el de su autor , puesto al pié de los versos descriptivos del mismo que antes hemos copiado»." *Ibidem.*

53 "Este libro lo dejó concluido el Dr. Albertí , en 5 de agosto de 1526: es obra que celebran varios autores, siendo notable lo que en la pág. CI, col. CCCCV , dice de nuestro Ramon Lull." *Ibidem.*

54 "A lo último se lee: «Explicit ad laudem Dei ejusque intemeratae genitricis Mariae et virginis solemnissima et nova Repetitio Rubrice et capituli primi de hereticis Libro sexto: nunquam antea in lucem prodita. Edita á clarissimo ju. vtri. consulto Dno. Arnaldo Albertino tunc canonico et Inquisitore Regni Majoricen. nunc vero Episcopo Pacten. et Inquisitore apostolico Regni Valentini. Impressa Valentie industria probi viri Francisci Romani hujus Valentinae civitatis incolae, octavo kalendis septembris , anno á virgineo partu MDXXXIIII.» Hay otra edicion deVenecia, de 1587, que no hemos visto mas que citada." *Ivi*, p. 12 a-b.

lettera gotica, a due colonne, impaginatura romana, 196 fogli, senza includere in questo numero un lungo indice: porta due lamine, la copertina con bordo, e in essa, dopo il titolo: *Disticon*[55].

En doceo sensum verbi discernere vetum
Ambiquae vocis censéo et eloquium.

Da ultimo si legge: «Foeliciter finit Panhormi in typographia Joan Mathei de Mayda anno á nativitate Christi MDLV.»[56] [libro] Che avesse un'altra edizione che porta per titolo: *Tractatus solemnis et aureus Reverendiss. Patris Dni. Arnaldi Albertini Majoricensis utriusque censurae doctoris clarissimi Episcopi Pactensis, in Sicilia citeriori, olim apostolici Inquisitoris solertirss. De agnoscendis assertionibus catholicis et haereticis omnibus jus caesareum pontificium, et sacram Theologiam profitentibus utilissimus. Mendis omnibus, quibus innumeris depravatus erat, ita purgatus, ordinatus et restitutus, ut exemplaris comparatus et tenebris in lucem prodisse cognoscatur. Quaestionum summis et indice aucto exornatus. Venetiis, ad Candentis Salamandre insigne MDLXXI*. 1 t. 4.°, lettera gotica, di

[55] "IV. *Tractatus de agnoscendis assertionibus catholicis et haereticis editus á R. P. Domino Arnaldo Albertino Majoricensi J. V. D. Episcopo Pactensi Inquisitori apostolico adversus haereticos apud siculos Siciliae citerioris. Panhormum MDLIIII*. 1. t. fólio, letra gótica, á dos columnas, foliacion romana, 196 hojas, sin incluir en este número un largo índice: lleva dos láminas [= stampe], la portada con orla, y en ella, despues del título: *Disticon*." *Ivi*, p. 12 b.

[56] "En doceo sensum verbi discernere vetum Ambiquae vocis censéo et eloquium. A lo último se lee: «Foeliciter finit Panhormi in typographia Joan Mathei de Mayda anno á nativitate Christi MDLV.»" *Ibidem*.

255 fogli[57]. Da ultimo si legge: «Explicit solemnis tractatus D. Arnaldi Albertini Episcopi Pacten. de agnoscendis assertionibus catholicis et haereticis, ita erroribus purgatus, ut conferrenti exemplar cum hac nova editione videre liceat quanta in ipso exemplari corrigendo, restituendoque cura adhibita sit, cum ex corruptissimo, integer et in corruptus redditus sit.»[58] Inoltre esiste un'altra edizione che porta questo titolo: *De agnoscendis assertionibus catholicis et Haereticis tractatus. Auctore Arnaldo Albertino Majoricensi olim Episcopo Pactensi, et citerioris Siciliae Apostólico Inquisitore, nunc denuo post omnes editiones recognitus. Quaestionum summis, et indice aucto exornatus. Romae in utilibus Populi Romani MDLXXII.* l. t. 4.° maggiore di 216 fogli senza contare i preliminari e l'indice"[59].

[57] "Hay otra edicion que lleva por título: *Tractatus solemnis et aureus Reverendiss. Patris Dni. Arnaldi Albertini Majoricensis utriusque censurae doctoris clarissimi Episcopi Pactensis, in Sicilia citeriori, olim apostolici Inquisitoris solertirss. De agnoscendis assertionibus catholicis et haereticis omnibus jus caesareum pontificium, et sacram Theologiam profitentibus utilissimus. Mendis omnibus, quibus innumeris depravatus erat, ita purgatus, ordinatus et restitutus, ut exemplaris comparatus et tenebris in lucem prodisse cognoscatur. Quaestionum summis et indice aucto exornatus. Venetiis, ad Candentis Salamandre insigne MDLXXI.* 1 t. 4.°, letra gótica , de 255 fólios." *Ivi*, pp. 12 b-13 a.

[58] "A lo último se lee: «Explicit solemnis tractatus D. Arnaldi Albertini Episcopi Pacten. de agnoscendis assertionibus catholicis et haereticis, ita erroribus purgatus, ut conferrenti exemplar cum hac nova editione videre liceat quanta in ipso exemplari corrigendo, restituendoque cura adhibita sit, cum ex corruptissimo , integer et in corruptus redditus sit.»" *Ivi*, p. 13 a.

[59] "Existe ademas otra edicion que lleva este título: *De agnoscendis assertionibus catholicis et Haereticis tractatus. Auctore Arnaldo Albertino Majoricensi olim Episcopo Pactensi, et citerioris Siciliae Apostolico Inquisitore, nunc denuo post omnes editiones recognitus. Quaestionum*

Come si può notare, la seconda parte dello scritto è incentrata prevalentemente su informazioni di tipo bibliografico, con un'attenzione seppur marginale – di taglio quasi paleografico – riservata alla descrizione fisica dei libri considerati.

Nell'indagine compiuta da Bover, la figura di Albert appare sotto una luce diversa; soprattutto, viene messa in risalto la sua attività politica a discapito della produzione letteraria, che sembra confinata nei "pochi momenti di ozio". Albert risulta, così, intellettuale di grandi capacità che, comunque, la fortuna gli diede modo di esprimere. La sua considerazione d'insieme, pertanto, è senza dubbio positiva.

La singolarità del testo di Bover risiede nel fatto che quest'autore puntualizza dati sulla genealogia e le opere di Albert non ricavabili altrimenti[60].

summis, et indice aucto exornatus. Romae in utilibus [?] *Populi Romani MDLXXII*. l. t. 4.° mayor de 216 hojas sin contar los preliminares y el índice." *Ibidem*.

[60] Il già menzionato Zapperi, infatti, riporta questa fonte in bibliografia ma non vi attinge pienamente. Cfr. R. Zapperi, *op. cit.*, pp. 722-723.

Capitolo III

Sul papa eretico nel Tractatus de agnoscendis assertionibus catholicis, et haereticis *(Palermo, 1554)*

Criteri di catalogazione del trattato di Albert nella manualistica inquisitoriale del XVI secolo

Seguendo la pregnante analisi condotta da Andrea Errera – che fa risalire la diffusione dei primi testi a stampa di diritto inquisitoriale al periodo compreso tra la fine del XV e l'inizio del XVI secolo – possiamo senz'altro ricondurre il *Tractatus de agnoscendis assertionibus catholicis, et haereticis* di Albert alla seconda fase editoriale di manuali destinati agli inquisitori pubblicati nel XVI secolo, ovvero quella che dal 1542 va fino al 1578[1]. In questo arco temporale, ai primi trattati specificamente indirizzati ai tribunali dell'Inquisizione romana – desunti dalle pubblicazioni già a uso nell'Inquisizione spagnola – se ne aggiungono altri, più complessi, elaborati dalla dottrina inquisitoriale iberica verso la metà del secolo; tra questi ultimi è da annoverare il trattato di Albert[2]. Dunque, gli anni successivi al 1542 sono contrassegnati dalle prime edizioni appositamente congegnate per la recente Inquisizione romana e non più soltanto per quella spagnola. Il 1542 è anche l'anno in cui viene istituita la

---

[1] Cfr. A. Errera, *op. cit.*, pp. 83-85n.

[2] Cfr. *Ivi*, p. 86n.

Congregazione romana dell'Inquisizione, la quale, fornendo un rapido impulso alla stampa di opere di diritto inquisitoriale, conduce alla diffusione di manuali per inquisitori pubblicati da editori italiani, in particolare veneziani[3]. Non a caso, più tardi proprio a Venezia viene dato alle stampe il *Tractatus de haeresi*, quale seconda parte dell'undicesimo tomo dell'imponente sistemazione dei *Tractatus Vniuersi Iuris* di Francesco Ziletti. In questo volume figurano le ristampe di trattati scritti nel passato – riscoperti prima di cadere nell'oblio – non solo da autori medievali ma anche da autori del XVI secolo.

Affidandoci all'impostazione sopra menzionata, inoltre, si arriva a classificare le opere a stampa del XVI secolo in tre categorie principali: 1) le raccolte dei testi normativi ufficiali; 2) i trattati sulle dottrine e le pratiche eretiche; 3) i manuali incentrati prevalentemente sulla procedura inquisitoriale e sulle diverse categorie di eretici da perseguire. Nel terzo e ultimo nucleo di scritti vanno inclusi, quindi, i manuali di procedura, cioè quelle opere in cui soprattutto sono chiarite le regole per un corretto svolgimento del processo inquisitoriale. Un'ulteriore distinzione di tale categoria porta a separare i manuali contenenti la trattazione dell'intera procedura da quelli che, invece, ne descrivono in modo approfondito solamente alcuni aspetti o temi particolari. Il *De agnoscendis assertionibus catholicis, et haereticis* di Albert va compreso fra questi ultimi, come pure – per la loro stessa struttura e peculiarità – tutte le raccolte di *quaestiones* o di *notabilia*[4].

---

[3] Cfr. A. Errera, *op. cit.*, pp. 100-101.

[4] Cfr. *Ivi*, pp. 138-143.

Tractatus de agnoscendis assertionibus catholicis, et haereticis: peculiarità contenutistiche e cenni storiografici

L'opera consta di trentasei *quaestiones* su tematiche relative all'eresia e su taluni profili della procedura inquisitoriale, tuttavia appare disomogenea – caratteristica che accomuna in generale gli scritti di questo tipo – probabilmente a causa della eterogeneità contenutistica delle singole *quaestiones*. La sua prima edizione fu data alle stampe a Palermo nel 1554 (come innanzi detto), dopo la morte del suo autore (avvenuta nel 1544). Successivamente, fu pubblicato ancora a Venezia nel 1571 e di nuovo a Roma nel 1571 e poi nel 1572[5].

Nel suo scritto, Albert esaminò ogni profilo della procedura dei tribunali della fede – dalle basi della fede, alle regole per la confisca – e si occupò diffusamente del tema della stregoneria; in proposito, affermò l'estensione dei poteri inquisitoriali in materia di malefici e di sortilegi[6].

Non mancano riferimenti a testi dogmatici sulla fede cattolica e la condanna degli eretici *Doctorum Sanctorum, Sancti Augustini, & aliorum*; e a nessuno sarebbe permesso contraddirli, in quanto *sunt approbata ab Ecclesia*[7].

Come premesso, si vuole qui concentrare l'attenzione sull'ipotesi di un papa eretico nell'ambito del già citato *De agnoscendis assertionibus catholicis, et haereticis*. A questo tema, con specifico riferimento al trattato di Albert, soltanto

---

[5] Cfr. *Ivi*, pp. 115-116.

[6] Oltretutto, aveva già affrontato la questione relativa al sabba qualche anno prima, dichiarando – nel corso di un intervento (voluto da Adriano di Utrecht) alla *Suprema* – privi di attendibilità gli aneddoti su rituali sabbatici riferiti in due processi discussi dal consiglio spagnolo, nel 1521. Cfr. V. Lavenia, voce *Albert, Arnau* in Adriano Prosperi, *Dizionario storico dell'inquisizione… cit.*, p. 26.

[7] Cfr. A. Albertinus, *op. cit.*, c. 64 va, 12.

Vincenzo Lavenia – da quel che emerge – si è dedicato in un suo recente saggio, nel quale fa presente che:

> [...] restava aperta una domanda sulla procedura: chi giudicava il papa, prima o dopo l'elezione? Negli anni centrali del Cinquecento la questione rimase poco chiara anche nei trattati destinati al personale dei tribunali del Sant'Uffizio. L'inquisitore iberico Arnau Albert [...] era convinto che il successore di Pietro fosse il giudice supremo abilitato a dirimere le controversie in materia di fede, ma riconobbe l'importanza dei concili sottolineando tuttavia che, come il pontefice, le sinodo potevano errare «in facto», e forse anche "in ijs quae sunt iuris". Sul piano storico, inoltre, "multi pontifices heretici fuerunt": ma a chi spettasse giudicarli, Albert non lo diceva, pur rinviando ai testi di alcuni campioni della tarda stagione conciliarista. I dubbi sorgevano anche sul trattamento da riservare a quanti ponevano in dubbio l'inerranza [...]. Potevano errare i papi e poteva errare anche il collegio dei cardinali. Ma chi proferisse parole contro l'infallibilità era da giudicare quanto meno "temerarius, et castigatione dignus", poiché una simile opinione ridondava a disdoro della Sede apostolica ("cum esset in depressionem tantae maiestatis")[8].

Scorrendo indietro nel tempo, ritroviamo diversi autori che si sono occupati del *De agnoscendis assertionibus catholicis, et haereticis* sotto vari profili. Al riguardo, nel 2007 Maria Sofia Messana si sofferma sul reato di stregoneria

---

[8] V. LAVENIA, *Il papa eretico. Per una storia della sovranità dei pontefici*, in *Riti di passaggio, storie di giustizia. Per Adriano Prosperi* III, Edizioni della Normale, Pisa, 2011, p. 228.

nell'ambito dell'Inquisizione siciliana[9]. Stefania Malavasi, invece, nel 2005, analizza il problema del maleficio in rapporto alla difesa di Clemenza Bacca[10]. Ancora Vincenzo Lavenia, l'anno precedente, cita il trattato di Albert in merito a una polemica sorta tra quest'ultimo e Iacobus Simancas[11]. Nel 2003, Francesco Renda s'interessa al *De agnoscendis assertionibus catholicis, et haereticis*, in particolare, per ciò che attiene alla persecuzione degli Ebrei convertiti cristiani[12]. Tratta della caccia alle streghe Michaela Valente in un suo scritto dello stesso anno[13]. Mentre, qualche anno prima, Italo Mereu – ricostruendo le tipologie di opere pubblicate nell'epoca della riforma cattolica – indica i *Tractatus universi iuris* e il manuale di Albert in discorso[14]. Anche Adriano Prosperi, nel 1996, per quel che concerne la sua disamina sul sacramento della confessione, si riferisce al *De agnoscendis assertionibus catholicis, et haereticis*[15].

---

[9] Cfr. M. S. Messana, *Inquisitori, negromanti e streghe nella Sicilia moderna, 1500-1782*, Sellerio, Palermo, 2007, pp. 211-212, p. 218, p. 266.
[10] S. Malavasi, *Tra diavolo e acquasanta: eretici, maghi e streghe nel Veneto del Cinque-Seicento*, Minelliana, Rovigo, 2005, pp. 217-218.
[11] Cfr. V. Lavenia, *L'infamia e il perdono: tributi, pene e confessione nella teologia morale della prima età moderna*, Il Mulino, Bologna, 2004, p. 293.
[12] Cfr. F. Renda, *Storia della Sicilia dalle origini ai giorni nostri 2: Da Federico 3. a Garibaldi*, Sellerio, Palermo, 2003, pp. 605-606.
[13] Cfr. M. Valente, *Johann Wier: agli albori della critica razionale dell'occulto e del demoniaco nell'Europa del Cinquecento*, L. S. Olschki, Firenze, 2003, pp.2-3.
[14] Cfr. I. Mereu, *Storia dell'intolleranza in Europa*, Tascabili Bompiani, Milano, 2000, p. 25, p. 42, p. 106.
[15] Cfr. A. Prosperi, *Tribunali della coscienza: inquisitori, confessori, missionari*, Einaudi, Torino, 1996, pp. 234-235.

L'ipotesi di errore pontificale

Riguardo al tema esaminato – alla *quaestio* IX – Albert sembra mostrare una generica apertura in tal senso, ricordando che *Papam posse errare in his quae sunt fidei, secundum Abb.*[*atem*] *& Ocham*[16].

Il riferimento è a Guglielmo di Occam (o Ockam, Ockham, Occham – dal nome del villaggio della contrada del Surrey dove egli nacque intorno al 1290), francescano e appartenente alla Scuola di Oxford, resa celebre dall'insegnamento di Duns Scoto e di Ruggero Bacone. Sostenitore – con Michele da Cesena – della tesi sulla povertà di Cristo e degli apostoli, che il papato considerava eretica[17], Guglielmo scrisse diversi trattati politici, tutti favorevoli all'opera dell'imperatore volta ad affrancare l'autorità imperiale da quella del papato incardinandola sul consenso popolare[18]. Tra le numerose opere di carattere politico e giuridico in difesa del potere civile e contro la pretesa superiorità del papato, la più notevole è il *Dialogus inter magistrum et discipulum de Imperatorum et pontificum potestate* (1332-34)[19]. In questo trattato egli

---

[16] «Il Papa può sbagliare in materia di fede cristiana, secondo [...] Ocham». Cfr. A. ALBERTINUS, *op. cit.*, c. 58 vb, 11.

[17] Cfr. la voce *OCCAM GUGLIELMO (di)*, a cura di G. SEMPRINI, in *Novissimo Digesto italiano* 11: N-ORA, Unione Tipografico-Editrice Torinese, Torino, 1965, p. 730.

[18] Cfr. la voce *Guglièlmo di OCCAM (o Ockham)* in *Dizionario enciclopedico italiano*, 5: Forg-Ido, Istituto della Enciclopedia italiana (fondata da Giovanni Treccani), Roma, 1956; cfr. pure *Enciclopedia Italiana di scienze, lettere ed arti*, 25: Novg-Palen, voce *OCCAM (o OCKHAM) GUGLIELMO di*, Istituto della Enciclopedia italiana, Roma, 2009, p. 113.

[19] Al centro della dottrina di Occam è l'idea che tutto ciò che esula dall'esperienza, come le verità della teologia, quindi il mondo sovrannaturale, Dio non può essere conosciuto né conoscibile dalla filosofia. L'esperienza apre il mondo della natura, che non ha bisogno di alcuna

avversa la *plenitudo potestatis* del papa, che deriva il suo potere dal Concilio e, quindi, dal complesso di tutti i credenti, così come l'imperatore, essendo eletto dal popolo, è depositario di un potere la cui origine sta nel popolo, che è sempre il vero sovrano[20]. Albert, però, chiarisce subito:

> Nec mihi placet Abbas in cap.[itulo] significasti,ubi non solum tenet Papam posse errare in talium definitione,sed etiam concilium generale : non autem vniuersalis Ecclesia errare posset , qu[a]e est collectio omnium fidelium, vt ibi per eum[21];

e, a scanso di equivoci, prende le distanze da tale asserzione, puntualizzando che

---

species universale. La realtà è sempre individuale, dal momento che i concetti sono segni o simboli prodotti dall'intelletto per indicare un insieme di realtà particolari. Tale ricorso all'esperienza gli serve come criterio di spiegazione del problema politico, basato sul principio di libertà. Affinché questa possa esistere è necessaria la separazione della Chiesa dallo Stato; come la prima è l'unione di tutti i credenti, ecclesiastici e laici, nell'avvicendarsi delle generazioni, così lo Stato, nel dover contribuire all'utile e al benessere degli individui, possiede la forza indispensabile a rendere obbligatoria la legge. Il diritto si qualifica per Occam come *lex praeceptiva*. Per questi rilievi, cfr. G. Semprini, *op. cit.*, p. 730.

[20] Il trasferimento del potere non sarebbe quindi un'*alienatio* ma una *concessio*, perciò l'*imperium* continuerebbe a sussistere nel popolo giusta la Glossa (dist., 2): "*lex est constitutio populi*". La concezione politica di Occam è propria di un pensatore che, pur fedele alla tradizione e alla cultura del Medioevo, sa proiettarsi verso le nuove idee del suo tempo, quali i diritti, le libertà naturali e l'autonomia della sfera politica non più "ancella" di quella religiosa. *Ibidem*.

[21] "Né mi piace l'Abate [...], dove sostiene che non soltanto il Papa possa sbagliare nella determinazione di tali questioni, ma anche il concilio in genere: che non possa sbagliare, invece, la Chiesa universale, che è l'insieme di tutti i fedeli, come allora per quello". A. Albertinus, *op. cit.*, c. 59 ra.

> [...] a theorica dicti Abbatis, circa hoc est maxime cauendu[m],vt inquit D.[ominus] Tho.[mas]de Vio Card.[inalis] in apostillis ad S.[anctum] Tho.[mam] in 2 2.q.[uestione]11.art.2[22].

L'autore qui menziona Tommaso De Vio, detto Il cardinal Gaetano (o *Caetano*; lat. *Caietanus* o anche *Caetanus*), nato intorno al 20 febbraio 1469 a Gaeta (prov. di Latina); battezzato col nome di Giacomo, nel 1484 – tuttavia – assunse il nome di Tommaso dopo essere entrato nel convento domenicano del paese natio[23].

Il suo commento *In librum de ente et essentia D. Thomae Aquinatis*, stampato a Venezia nel 1496, rappresenta il primo tassello nell'esegesi del pensiero di san Tommaso da parte di De Vio (attività a cui questi si dedicò, a fasi alterne, per i successivi venticinque anni).

Tra il 1497 e il 1499 insegnò teologia a Pavia, motivo per cui gli venne chiesto espressamente di interpretare testi di Tommaso d'Aquino. Fu così che iniziò a prender forma la sua opera più nota, il commento alla *Summa theologiae* dell'Aquinate, il cui primo tomo apparve a Venezia nel 1508[24]. Sul finire del 1499 De Vio si stabilì nel monastero di S. Maria delle Grazie a Milano, dove si occupò soprattutto di proble-

---

22 "Ma bisogna guardarsi dal discorso speculativo dell'Abate, soprattutto riguardo a ciò, come dice il Signor Cardinale Tommaso De Vio [...]". *Ibidem*. Cfr., altresì, T. DE VIO, *Secunda secunde sanctissimi doctoris Thome de Aquino... Adornata praeclarissimis commentarijs reuerendissimi in Christo Patris ac Domini D. Thome de Vio Caietani*, Venetijs, 1518, ivi citato.

23 In proposito, cfr. la voce *DE VIO, Tommaso* curata da E. STÖVE in *Dizionario biografico degli italiani* 39: Deodato-Di Falco, Istituto della Enciclopedia italiana, Roma, 1991, p. 567.

24 Cfr. *Ivi*, pp. 567-568.

mi di etica sociale ed economica[25]. Nel 1501 fu chiamato a rivestire la carica di procuratore dell'Ordine presso la Curia[26]. In tale qualità, alla fine del 1503 De Vio si trovò a biasimare la vendita di cariche ecclesiastiche in sé – sostenendo che questa procedura non poteva essere giustificata dalle buone intenzioni – e a condannare anche la concessione di benefici ecclesiastici[27]. Nel 1507, quindi, portò a termine il suo commento *In primam partem Summae theologiae*, che apparve a Venezia nel 1508 – anno in cui fu pure eletto *magister generalis*[28]. Nonostante gli svariati incarichi che gli furono affidati durante il generalato, comunque, De Vio riuscì a portare avanti la sua opera di commento alla *Summa*[29]. Così, nel 1511 terminava il commento *In primam partem secundae*, pubblicato a Venezia nel 1514, e nel 1517 il commento *In secundam partem secundae*, pubblicato sempre a Venezia nel 1518[30]. Quest'ultimo ci interessa in modo specifico, in

[25] Tanto è dimostrato dalle *Quaestiones* che verranno in seguito pubblicate tra gli *Opuscula*. *Ivi*, p. 568.

[26] *Ibidem*.

[27] Dopo il suo scritto contro il concilio di Pisa (1511) e il suo discorso al concilio laterano (1512) De Vio fu ritenuto un curialista dichiarato. Avverso le pretese dei conciliaristi furono addotte prove della *Sacra Scrittura* e della tradizione. Tuttavia, il suo sforzo chiaramente apologetico non gli impedì argomentazioni diversificate: distinse, infatti, l'«essenza del papato» dal «papa in quanto figura storica». La coincidenza delle due realtà si verificava tramite il voto, quindi con un atto che ricadeva nella storia. Solo in caso di eresia e non altrimenti, il concilio poteva sciogliere tale nesso. Ma la carica papale rimaneva comunque superiore a ogni concilio. Tale dissociazione gli procurò critiche dal settore più rigidamente curialista. Per queste osservazioni, *ivi*, p. 574.

[28] Sul punto, *ivi*, p. 568.

[29] Oltre alla grande responsabilità della guida dell'Ordine, infatti, nel corso del 1511 De Vio si trovò inserito in posizioni sempre più di primo piano nella politica della Chiesa. *Ivi*, p. 569.

[30] Cfr. *Ivi*, pp. 569-570.

quanto contenente l'articolo 2 della questione 11 che Albert menziona nel passo su riportato.

Fin dalla sua permanenza a Milano, De Vio fu sempre oberato da quesiti di carattere teologico-morale, incentrati sulla questione fondamentale del rapporto tra le necessità situazionali (sia in ambito puramente ecclesiastico, che in quello secolare) e i principi della fede cristiana[31]. In particolare, il commento della *Secunda secundae* gli offrì la possibilità di affrontare tali questioni di vita quotidiana su un piano più generale. Con grande abilità dialettica, egli è riuscito a innestare fattori concreti e situazionali nella discussione di principi teorici[32].

Pochi mesi dopo la chiusura del quinto concilio laterano, nel 1517, De Vio fu eletto cardinale[33]. Inoltre, dal 1519 in poi, il pensiero teologico di De Vio si arricchì dell'esegesi biblica, dai cui dati, infatti, egli risulta maggiormente influenzato già nel suo commento alla *Pars tertia* della *Summa theologiae* di Tommaso d'Aquino, includente le *Quaestiones* complementari (compiuto nel 1520 e pubblicato a Venezia nel 1523)[34].

Il merito di De Vio è di aver posto in primo piano nel dibattito filosofico la teologia e la metafisica tomiste e di

---

[31] Questa ampia gamma di problemi di teologia morale originava un folto numero di responsi dati sotto forma di *Quaestiones*. *Ivi*, pp. 574-575.

[32] Nel contempo, De Vio mostra grande indipendenza dalle *opiniones* e *auctoritates* comuni, come pure dal diritto positivo, autorità che spesso dovevano cedere il passo alle argomentazioni giusnaturalistiche o del diritto consuetudinario. In merito, *ivi*, p. 575.

[33] Cfr. *Ivi*, p. 570.

[34] Per di più, nell'ultima parte del commento alla *Summa theologiae* risulta trattato con notevole impegno la questione della testimonianza biblica. Cfr. *Dizionario biografico degli italiani* 39, p. 575. De Vio dedicò gli anni successivi al 1524 esclusivamente a tradurre e commentare quasi tutti i libri dell'*Antico* e *Nuovo Testamento*. *Ivi*, p. 572.

averle difese dalle critiche degli scotisti e degli averroisti[35]. L'opera di sistematizzazione della metafisica tomista, che egli completò attraverso il recupero di Aristotele, venne però considerata in epoca moderna un'alterazione e semplificazione della dottrina dell'essere di san Tommaso[36].

Possibilità di errore del Papa, come singola persona

Quindi, viene operata una distinzione importante: *Papa, vt singularis persona, potest errare contra fidem*[37] ma *Papa, vt Papa, in definitione iudiciali non potest errare contra fidem*[38]. La prima ipotesi si giustificherebbe

> Quia quoad persona Pap[a]e est aduerte[n]du[m], cp licèt ipse inquantu est singularis p[er]sona, errare possit, & sic esse hereticus [...] vt in c[apitulo] Anastasius.19dist.[inguit]...[39]

Si allude a papa Anastasio II, il quale nacque a Roma, divenne poi diacono, quindi fu eletto papa il 24 novembre

---

[35] In questo intento riuscì solo grazie al riferimento all'autorità di Aristotele. Il suo appassionato studio del filosofo greco riecheggia spesso nei suoi commenti. Cfr. *Ivi*, p. 575.

[36] Il richiamo ad Aristotele lo condusse alla distinzione tra filosofia e teologia, precorrendo quindi i tempi moderni riguardo alla separazione tra scienza e fede. Cfr. *Ibidem*.

[37] «Il Papa, come singola persona, può sbagliare contro la fede». A. Albertinus, *op. cit.*, c. 58 vb, 12.

[38] «Il Papa, come Papa, nella definizione giudiziale non può sbagliare contro la fede». A. Albertinus, *op. cit.*, c. 58 vb, 13.

[39] «Perché, fino al momento in cui si deve osservare la figura del Papa, è lecito che lo stesso, in quanto è una singola persona, possa sbagliare e così essere eretico, come [papa] Anastasio [II] distingue nel capitolo 19 [...]». A. Albertinus, *op. cit.*, c. 59 ra-59 rb.

496, dopo la morte di Gelasio I, in un periodo di tensioni tra l'imperatore e la Chiesa di Roma, in lotta contro la ripresa del monofisismo nelle Chiese orientali[40].

Anastasio II, si mostrò subito in cerca di un accordo[41] ma proprio questo suo atteggiamento conciliativo sollevò, fra il clero di Roma, le critiche più aspre, specie dopo la benevola accoglienza riservata da Anastasio al diacono Fotino di Tessalonica; le garanzie richieste dal papa, infatti, apparvero insufficienti a persone troppo zelanti[42].

---

[40] Nel 482 l'imperatore Zenone, d'accordo col patriarca di Costantinopoli, Acacio, aveva promulgato, nella ricerca di una soluzione conciliativa tra le dottrine monofisite e la solenne definizione di fede che le aveva condannate nel concilio di Calcedonia del 451, il noto «Editto di unione». Felice III (consacrato, probabilmente, il 13 marzo 483), dopo aver invano convocato Acacio a presentarsi davanti al suo tribunale, riuniva a Roma un concilio dove, il 28 luglio 484, si deponeva Acacio. La difesa dell'ortodossia veniva perpetuata da Gelasio I (1° marzo 492-21 novembre 496) con rinnovata rigidità: fallita un'ambasceria pontificia e arroccatosi l'imperatore in una posizione intransigente, Gelasio I gli inviò una lettera in cui, pur assicurando il suo rispetto e amicizia per l'imperatore, non solo riaffermava il principio del primato giurisdizionale della Sede apostolica ma enunciava anche limpidamente la tesi dell'indipendenza dell'«auctoritas sacrata pontificum» dalla «regalis potestas»; entrambe – si sosteneva – sono di pari dignità ma hanno competenze autonome, essendo soltanto alla prima delegato il potere di emanare decreti in materia religiosa. Il concilio di Roma del maggio 495 aveva solennemente approvato l'atteggiamento di Gelasio I. Per tutte queste considerazioni, cfr. la voce *ANASTASIO II, papa* a cura di P. Bertolini in *Dizionario biografico degli italiani* 3: Ammirato-Arcoleo, Istituto della Enciclopedia italiana, Roma, 1961, p. 22. L'importanza delle ripercussioni sul mondo cristiano dello scisma di Acacio fu la prima preoccupazione del nuovo pontefice. Cfr. *Ivi*, p. 23.

[41] Nonostante ciò, l'esame complessivo delle vicende del suo pontificato fa desumere un generale disgusto di Anastasio per tale scissione. Cfr. *Ibidem*.

[42] L'autore del *Liber pontificalis* attribuisce la morte prematura di Ana-

Della tradizione che reputava Anastasio II eretico si fece portavoce Dante, che nell'XI canto dell'Inferno, vv. 8-9, lo colloca tra gli eresiarchi, in quanto tratto «dalla via dritta» da Fotino[43].

Completa il rimando di Albert [...] *& legitur i*[*n*] *c*[*h*] *ronicis de Siluestro Papa II* [...][44].

Silvestro II, il cui nome prima di essere eletto pontefice era Gerberto di Aurillac (950 ca. – 1003), nacque in un'umile famiglia dell'Aquitania, fu educato nel monastero benedettino di Saint-Géraud ad Aurillac in Alvernia, poi venne affidato al duca di Spagna, Borel[45]. Nel 983 fu nominato abate del grande monastero di S. Colombo a Bobbio per volere di Ottone II[46]. Alla morte di quest'ultimo decise di tornare a Reims, dove indirizzò la politica francese insieme all'arcivescovo Adalberone, portando al trono Ugo Capeto. Questi, in seguito, depose l'arcivescovo Arnolfo – frattanto successo ad Adalberone – nel concilio di Saint-Basle e nominò al suo posto Gerberto, nel 991[47]. Nominato arcivescovo di

---

stasio a un castigo di Dio perché – così afferma – voleva riabilitare la memoria di Acacio. Ciò è chiaramente smentito dalle lettere autentiche del papa. Graziano poi riprodusse nel *Decretum* (I, XIX, 9) il passo del *Liber Pontificalis*. Cfr. *Ibidem*.

43 Cfr. P. Bertolini, *op. cit.*, p. 24.

44 «[...] e si legge nelle cronache su Papa Silvestro II». A. Albertinus, *op. cit.*, c. 59 rb.

45 Avendo seguito quest'ultimo a Roma, vi fu trattenuto per la sua preparazione umanistica e la sua cultura matematica da Giovanni XIII. Per queste note, cfr. la voce *Silvestro II PAPA* in *Dizionario enciclopedico italiano* 11: Sci-Tat, Istituto della Enciclopedia italiana, Roma, 1961, p. 295.

46 Ciò avvenne nonostante la riluttanza dei vassalli del monastero e della gerarchia ecclesiastica. Cfr. *Ibidem*.

47 Questa decisione, però, era illegale, dal momento che il concilio non era presieduto dal legato pontificio; contro di essa, dunque, Roma

Ravenna nel 998, quest'ultimo sostenne la *renovatio imperii* intrapresa dal giovane imperatore di Germania, Ottone III. Eletto papa nel 999, riconfermò Arnolfo nell'arcidiocesi di Reims, promosse l'espansione evangelica in Polonia e in Ungheria, divenne fautore soprattutto della restaurazione dell'Impero cristiano[48].

La visione politica di Gerberto fu saldamente connessa alla sua cultura. Notevolissimo erudito, il suo impegno nel campo filosofico e teologico fu teso ad assimilare e coordinare la cultura antica in un'unica visione d'insieme cristiana[49]. Di lui ci restano oltre un prezioso epistolario, una *Geometria* e opere filosofiche e teologiche[50].

Inerranza del Papa, in quanto Papa, nelle pronunce giudiziali

Proseguendo nell'analisi delle due ipotesi presentate, Albert richiama di nuovo il parere del cardinale De Vio:

---

prese posizione e annullò, con una serie di concili, gli atti del concilio di Saint-Basle. Cfr. *Ibidem*.

48 Purtroppo, tale piano – che aveva poca considerazione delle basi tedesche dell'impero ottoniano e della situazione di Roma – era destinato all'insuccesso, quando il contrasto locale fra Romani e Tivolesi provocò una sommossa che nel 1001 lo obbligò ad abbandonare Roma, insieme con Ottone III. Cfr. *Ibidem*.

49 Questo sforzo e il suo interesse anche scientifico – espresso in una forte vocazione per lo studio della matematica e dell'astronomia – indussero i suoi contemporanei a tacciarlo di magia e di eresia (leggenda che si sviluppò più tardi, tra i sec. XI-XII). Cfr. *Ibidem*. Cfr. pure la voce *Silvestro II PAPA* in J. M. H. Reid, L. Poggi, *Dizionario della letteratura francese*, Gremese Editore, Roma, 2002.

50 Cfr. la voce *Silvestro II PAPA* in *Dizionario enciclopedico, cit.*, p. 295. Gerberto ebbe come allievo Roberto II. Cfr. J. M. H. Reid, L. Poggi, *Dizionario enciclopedico, cit.*

> T[ame]n in ea definitione qua[m] facit eoru[m] quae sunt fidei,ita a Deo gubernatur, vt no[n] possit iudicialiter errare [...]: & i[n] hac sententia residet praefatus D.[ominus]Card.[inalis]de Vio. in tracta.[to] suo de autho.[ritate] Papae & concilioru[m] c[apitulo] 9. dum inquit certu[m] esse, quòd Papa, quia est vna singularis persona, magis potest in fide errare errori personali, quàm totum residuum ecclesi[a]e[51];

Tale affermazione è contenuta nel trattato *Auctoritas papae et concilii sive Ecclesiae comparata*, concluso da De Vio nell'ottobre del 1511 e pubblicato a Roma già il mese successivo, nel quale venivano confutati con argomenti teologici le tesi dei conciliaristi[52].

Albert, comunque, si discosta dall'argomento sopra illustrato e passa ad approfondire il secondo caso, infatti scrive:

> quod non est ad propositum nostrum, quia de tali errore non est nostra quaestio: de errore aut iudiciali in decernendis, & determina[n]dis his quae fidei sunt, est e co[n]uerso, cp[53] errare no[n] possit: quia magis

---

[51] "Tuttavia, in questa determinazione che fornisce delle questioni di fede, così è guidato da Dio, come non può sbagliare con giudizio [...]: e in questa opinione rimane il predetto Signor Cardinale Tommaso De Vio, nel suo trattato sull'autorità del Papa e dei concilii, capitolo 9., mentre dice essere certo che il Papa, poichè è una sola singola persona, può vacillare nella fede per un errore personale maggiormente che le chiese di tutti i restanti: [...]". A. Albertinus, *op. cit.*, c. 59 rb e T. De Vio, *Tractatus reuerendissimi patris fratris Thome de Vio Caietani... de comparatione auctoritatis Pape et concilii seu Ecclesie vniversalis*, Coloniae, 1512, ivi citato.

[52] Cfr. E. Stöve, *op. cit.*, p. 569.

[53] Ho trascritto in questo modo il simbolo grafico (ricorrente anche più avanti), che sembra riprodurre il lemma greco "Phi". Tale consonante è usata, nella sua forma minuscola, in matematica come simbolo della "sezione aurea" (o "proporzione divina" o "costante di Fidia"), poiché

> potest errare comunitas ecclesi[a]e sine authoritate Papae, qua[m] Papa. Et licèt aliqui nixi fuerunt hoc impugnare, efficaciter ipse defendit i[n] apologia sua in 2 parte c.[apitulo] 14[54].

L'autore si riferisce a un passo inserito nell'*Apologia tractatus de comparata auctoritate papae et concilii* (edita a Roma nel 1512 e a Colonia nel 1514), composta da De Vio per replicare a uno scritto polemico di Jacques Almain dal titolo *Libellus de auctoritate Ecclesiae seu sacrorum conciliorum eam repraesentantium*, apparso all'inizio del 1512 nella capitale francese[55].

è l'iniziale del nome greco dello scultore e architetto Fidia, il quale l'avrebbe consciamente utilizzata nelle sue opere. In filosofia, rappresenta la corrente di pensiero denominata filomazia, da Ipazia di Alessandria, a Pitagora, fino alle Accademie dei Filomati (letteralmente: "amanti dell'apprendimento"; dal greco "*philein*", ossia "amare" e "*mathema*", ovvero "scienza" o "apprendimento"), le quali erano associazioni di intellettuali, con sedi a Firenze, Cesena, Lucca e Siena. Quest'ultima, istituita nel 1577 da Gerolamo Benvoglienti, nel 1654 fu incorporata nell'Accademia degli Intronati (cfr. *Lettere inedite di Lodovico Antonio Muratori scritte a Toscani dal 1695 al 1749 / raccolte e annotate per cura di Francesco Bonaini...* [*et al.*], L. A. Muratori e altri, F. Le Monnier, Firenze, 1854, p. 210 e, in particolare, n. 3).

[54] [...] ciò non rientra nella nostra tesi, in quanto la nostra indagine non è intorno a siffatto errore: è, per converso, riguardo all'errore o giudiziario nelle questioni da decidere e nella delimitazione delle materie che sono della fede, non può sbagliare: perché può sbagliare maggiormente la comunità ecclesiale, senza l'autorità del Papa, che il Papa. Ed è possibile che alcuni si sforzarono di criticare ciò, egli stesso [De Vio] sostiene con efficacia nella sua apologia, nella seconda parte, capitolo 14. A. Albertinus, *op. cit.*, c. 59 rb e T. De Vio, *Apologia. r. p. fratris Thome de Vio Caietani. s. theo. professoris & Ordinis predicatorum generalis magistri de comparata auctoritate pape & ecclesie*, Impressum Rome: per magistrum Iacobum Mazochium, 1513, ivi citato.

[55] Cfr. E. Stöve, *op. cit.*, p. 569.

Impossibilità per la Chiesa di sbagliare, in materie di fede

In seguito, alla *quaestio* XXX, l'autore estende il dogma dell'inerranza pontificia all'intera Chiesa: *Ecclesia in ijs qu[a]e sunt fidei errare non potest*[56]. Infatti – continua –

> Prima est, cp vniuersalis Ecclesia, quae ex congregatione fidelium omnium constituitur.c.in Ecclesia, de co[n]secra.[ta]dist.[inctione]1. in ijs qu[a]e sunt fidei errare non potest: quia Christus orauit p[ro] ipsa Ecclesia, vt non deficeret [...][57].

Spiega, perciò, che *Vnde impossibile est, cp vera fides Christi remaneret in vno solo*[58]; e ancora, citando l'apostolo Matteo ricorda che «Nam fides remansit duntaxat in Beata Virgine, quia omnes scandalizati sunt, & relicto eo fugerunt, Mathaei. 26»[59]. Matteo è stato il primo, fra i Dodici, a raccogliere per iscritto il pensiero e la vita di Gesù.[60] Il suo Vangelo ha la tendenza a riunire in grandi raggruppamenti gli insegnamenti di Gesù, concludendo con una formula che

---

[56] "La Chiesa non può sbagliare nelle questioni (che sono) di fede". A. ALBERTINUS, *op. cit.*, c. 101 vb, 17.

[57] "Primaria è la Chiesa universale, che è costituita dal raggruppamento di tutti i fedeli nella Chiesa, non può sbagliare nelle questioni che sono di fede secondo la consacrata distinzione 1.: poiché Cristo pregò per la stessa Chiesa, affinché non venisse meno [...]". A. ALBERTINUS, *op. cit.*, c. 103 ra.

[58] "Da cui è impossibile, l'autentica fede di Cristo si conservasse in uno solo [...]". *Ibidem.*

[59] "Infatti, la fede persistette solamente nella Beata Vergine, perché tutti si scandalizzarono, e fuggirono da quello rimasto, Matteo, 26". *Ibidem.*

[60] Cfr. la voce *MATTEO, santo* in *Enciclopedia Italiana di scienze, lettere ed arti*, 22: Malc-Messic, Istituto della Enciclopedia italiana, Roma, 1951, p. 592.

si ripete quasi identica[61]. Da notare, in particolare, che nel capitolo XXVI (quello citato da Albert), 1 ricorre la frase «E accadde, quando Gesù ebbe finito questi discorsi», già presente in diversi altri passi (VII, 28; XI, 1; XIX, 1).

Albert inserisce, quindi, nel passo sopra ricordato un richiamo al profeta Isaia: *prout fuerat prophetatum ab Esa. 63. inquiete*[62].

Isaia, figlio di Amos, nacque probabilmente verso il 765 a. C.; fu profeta ebreo, dal quale prende il nome un libro dell'Antico Testamento[63].

Il libro che porta il suo nome è composto da sessantasei capitoli, scindibili in due parti fondamentali: nella prima (capp. I-XXXIX) predominano il giudizio e l'annuncio del castigo; nella seconda (capp. XL-LXVI) la consolazione e la descrizione della rinascita. Il capitolo nominato da Albert rientra in quest'ultimo insieme. Tale parte del libro si apre su un quadro storico mutato: il popolo d'Israele è esiliato, la potenza babilonese è subentrata a quella assira, tuttavia si annuncia vicina la liberazione[64].

---

[61] Infatti, da svariati indizi e paragoni, si nota in Matteo l'inclinazione a formare gruppi di sentenze, come pure di parabole e di miracoli. Sicuramente l'autore vuole trasmettere il senso più preciso dell'insegnamento di Gesù, raccogliendone aforismi e massime. *Ibidem*.

[62] "Come fu profetizzato senza tregua da Isaia, 63". Cfr. A. ALBERTINUS, *op. cit.*, c. 103 ra.

[63] Cfr. la voce *Isaia* in *Dizionario enciclopedico italiano*, 6: Idr-Lieb, Istituto della Enciclopedia italiana (fondata da Giovanni Treccani), Roma, 1970, p. 365.

[64] Il pensiero di Isaia può sinteticamente rappresentarsi in tre linee principali: 1) Dio ha potere sommo e universale; i popoli sono strumenti del suo volere; per mezzo delle genti straniere Giuda verrà punito dei suoi peccati, senza possibilità di speranza in un aiuto terreno; 2) Dio è santo e giusto, qualità che devono concretizzarsi anche nelle relazioni umane; 3) oltre la punizione di Giuda vi è la sopravvivenza e la salvezza

Albert ricorre poi a suggestive allegorie, per corroborare i suoi argomenti, riportandosi alla testimonianza del cardinale Ugo:

> Torcular calcaui[t] solus; & de gentibus non erat vir mecum, ut ibi exponit gl. interlinearis: vbi dicit Dominus Vgo Cardinalis cp sola Beata mulier, & Virgo mater eius eum filio suo patiente fidelis ex[s] titit, & permansit[65];

Con ogni probabilità, quello indicato è Ugo detto Candido (o *Blancus* o *de Caldario*); Lorenese, monaco di Remiremont – nella diocesi di Toul – fu favorito da papa Leone IX che lo ordinò e, nel 1049, lo fece cardinale prete di S. Clemente[66]. Al concilio di Worms, nel 1076, si fece accusatore del papa e fu, perciò, da questi scomunicato[67].

In seguito ribadisce – ai fini di alcune precisazioni semantiche e teologiche – la preghiera di Cristo in favore, questa volta, non della Chiesa ma del suo vicario e rappresentante, Pietro:

> quod significatur per candelam, quae in tribus diebus tenebrarum hebdomade sancte non ex[s]tinguitur, vt

---

di una sua parte per mano del Messia, fautore della pace, della moralità, della religiosità universali. *Ibidem*.

65 "Il torchio pigiò da solo; e non c'era [alcun] uomo con me, quanto ai popoli, come racconta tra le righe il Signor Cardinale Ugo là: dove dice [che] la sola Beata sposa, e Vergine madre si mostrò e rimase fedele durante la passione di suo figlio". A. ALBERTINUS, *op. cit.*, c. 103 ra.

66 Cfr. la voce *UGO detto CANDIDO* in *Enciclopedia italiana*, 34: Topo-Ved – Rist., Istituto della Enciclopedia italiana, Roma, 2005, p. 612; cfr. pure *Ugo di REMIREMONT* in *Dizionario enciclopedico italiano*, 12: Tau-Z, Istituto della Enciclopedia italiana, Roma, 1970, p. 487.

67 Cfr. *Ibidem*.

> dicit Guilielmus Durandi, in suo rationali diuinorum officiorum, in rubrica de quinta feria: & tame[n] Christus ante passione orauerat pro Petro, vt no[n] deficeret fides sua. ergo non dicitur deficere; nec etia[m] errare, si remaneret fides in vno solo[68].

L'asserzione racchiusa nella prima parte del periodo è attribuibile a Guillaume (Guglielmo) Durand (Durant, Durante), detto lo Speculatore, dal titolo della sua principale opera giuridica, lo *Speculum iudiciale*. La data di nascita appare incerta, tuttavia è probabilmente compresa nel biennio 1230-31.

Poco si sa della sua prima formazione intellettuale, che ebbe luogo forse tra Béziers, Montpellier e Parigi. Di certo studiò diritto a Parma e ben presto fu incaricato di funzioni giudiziarie presso la Curia di Roma[69]. Inoltre, partecipò al concilio ecumenico di Lione del 1274; negli anni successivi

---

[68] "Ciò è preannunziato attraverso una candela, che per tre giorni di oscurità durante la settimana santa non si è spenta, come sostiene Guillaume Durand nel suo ragionamento delle funzioni divine (*Rationale diuinorum officiorum*), in una rubrica riguardo al giovedì: e tuttavia Cristo, prima della passione, pregò per Pietro, affinché la sua fede non venisse meno; dunque, non si afferma che venisse meno; e neppure che sbagliasse, qualora la fede si conservasse in uno solo". A. Albertinus, *op. cit.*, c. 103 ra. Cfr. anche G. Durand (1230-1296), *Rationale diuinorum officiorum: quibuscumque sacerdotibus: ac singulis sacramentorum: & eorum que in ecclesiasticis aguntur officijs rationes scire cupientibus perutile: editum per reuerendum patrem dominun Guilelmum Durantum... Prater tabulam rubricarum adiecta est nuperrime et altera praecipuarum materiarum totius operis*, Impressum Venetiis: per Dominicum Zilium & fratres veneti, 1540, ivi citato (ma la prima edizione del testo risale al secolo XIII, con buona probabilità verso il 1290).

[69] Cfr. la voce *DURAND*, Guillaume in *Dizionario biografico degli italiani* 42: Dugoni-Enza, Istituto della Enciclopedia italiana, Roma, 1993, p. 82.

restò al servizio pontificio, giudicando cause e compiendo varie missioni[70].

Un mandato pontificio del 13 febbraio 1286 lo qualifica «eletto di Mende». Negli anni trascorsi lì (1290-94), egli compose il *Rationale divinorum officiorum* (di cui – come si è visto sopra – Albert segnala la rubrica inerente al giovedì[71]) e il *Pontificale*, dimostrando buona competenza sia della liturgia che della canonistica[72].

Di queste due opere, la prima è la più antica[73]. Il *Rationale* si ispira ai lavori dei liturgisti precedenti, esaminando però il tema con un'ampiezza di vedute inedita. In otto libri, Durand tratta delle chiese, della gerarchia, dei vestiti liturgici, della messa, dell'ufficio divino, del computo ecclesiastico, dell'anno e dei santi[74]. L'autore intendeva decifrare l'insieme dei simboli e dei segni a cui la liturgia si richiamava[75].

Il *Rationale* ebbe molto successo, tanto che nel 1372 Carlo V di Francia lo fece tradurre in francese[76]. Del *Rationale* vi sono moltissime edizioni antiche ma nessuna moderna[77].

---

[70] Cfr. *Ivi*, p. 83.

[71] Nel latino ecclesiastico *feria* corrisponde, appunto, alla denominazione cristiana dei vari giorni della settimana, a partire dalla domenica (eccetto il sabato): *feria quinta* è, pertanto, il giovedì (come riscontrato anche negli scritti di sant'Ambrogio).

[72] Cfr. la voce *DURAND*, GUILLAUME in *Dizionario*, *cit.*, p. 84.

[73] Era stata redatta, infatti, prima dell'elezione a vescovo ma condizionata, nella stesura, dagli incarichi pastorali dell'autore. Cfr. *Ivi*, p. 86.

[74] I testi più remoti sono quasi sempre ripresi dal Decreto di Graziano e dalle Decretali. Cfr. *Ibidem*.

[75] Cfr. *Ibidem*.

[76] Si ha notizia di numerose sue copie manoscritte, di incunaboli e di talune edizioni del XVI secolo, prova della sua continuata fortuna. Cfr. *Ibidem*.

[77] La sua prima edizione a stampa vide la luce a Magonza nel 1459. Cfr. la voce *DURAND*, GUILLAUME in *Dizionario*, *cit.*, p. 87.

Ancora sul dogma dell'infallibilità pontificia

Albert, inoltre, riafferma il principio già enucleato in precedenza: *Papa determinans aliquid tanquam Papa circa fidem non potest errare*[78]. E – a sostegno di tale assunto – riporta l'opinione di san Girolamo, là dove enuncia:

> tanquàm Po[n]tifice, circa ea quae sunt fidei, in quorum decisione errare no[n] potest, si aliquid ad fidem spectans determinaret au[c]thoritate iudiciali, non autem personali: & hoc videtur comprobari ex decreto Hieronymi in c.[apitulo] Hoc est fides.24.q.[uestione] I.ingentis[79];

Il giurista maiorchino insiste particolarmente su questo punto, considerando che

> [...] manifeste in ijs verbis Hieronymus censet, cp ex approbata fidei confessione Pape, aliquis obsistens, no[n] catholicus, & sic haereticus iudicatur [...][80].

Girolamo (lat. *Hieronymus*), dottore della Chiesa latina, nacque a Stridone (vicino Aquileia) nel 347 circa. Ancora molto giovane, andò a perfezionare la sua cultura letteraria

---

[78] "Regolando il Papa qualcosa, così come Papa non può sbagliare quanto alla fede". A. Albertinus, *op. cit.*, c. 101 vb, 19.

[79] "[...] così come per il Pontefice, riguardo a quelle materie che sono di fede, nella decisione delle quali non può sbagliare, qualora regolasse qualcosa concernente la fede per mezzo dell'autorità giudiziale, non invece personale: e ciò sembra essere confermato dal dogma del grande [San] Girolamo nel capitolo 24. 'Ciò è fede', questione I.". *Ivi*, c. 103 rb.

[80] "[...] Girolamo annovera chiaramente nelle sue parole [che], a causa della confessione di fede riconosciuta dal Papa, opponendosi qualcuno, viene dichiarato non cattolico e, così, eretico [...]". *Ibidem*.

a Roma, dove – sotto la guida di abili maestri – consolidò definitivamente la passione per la filologia e le lettere che ha caratterizzato la sua vocazione ascetica e lo ha reso simbolo dell'umanesimo cristiano[81]. Nel 374, ad Antiochia, Evagrio lo accolse assistendolo in una lunga malattia durante la quale si inserisce la rivoluzione intellettuale di Girolamo, il suo deciso rifiuto della letteratura pagana e la scelta di dedicare tutte le sue energie alla Scrittura[82].

Ritiratosi nel deserto, Girolamo si applicò con zelo allo studio dell'ebraico e dell'esegesi biblica[83]. Dopo la morte di papa Damaso – avvenuta nel dicembre 384 – preferì a Roma il ritiro nella quiete suoi studi. Nei successivi 37 anni Girolamo portò avanti un'intensa attività di traduttore, di esegeta e di polemista; approntò, inoltre, i commentari biblici[84].

Straordinario letterato e scrittore apprezzabile, di notevolissima erudizione sacra e profana, Girolamo deve la sua fortuna soprattutto al mirabile stile delle sue lettere (122), forse ancor più che alla traduzione della Bibbia[85].

Poco dopo Albert menziona, ancora una volta, De Vio:

---

[81] Cfr. la voce *Giròlamo, santo* in *Dizionario enciclopedico italiano* 5: Forg-Ido, Istituto della Enciclopedia italiana, Roma, 1970, p. 424.

[82] Origine di ciò sarebbe stato un sogno, in cui Cristo gli aveva rimproverato di essere «ciceroniano, non cristiano» (*lettera a Eustochio*, XXII, 30). Cfr. *Ibidem*.

[83] Cfr. *Ibidem*.

[84] Cfr. *Ibidem*. L'esegesi di Girolamo muove dall'allegorismo origeniano a un'interpretazione più letterale, permettendo così di osservare la sua evoluzione nei confronti del testo sacro. Cfr. *Dizionario enciclopedico italiano 5...*, pp. 424-425. Un ruolo decisivo di tale evoluzione è rivestito dalla lunga esperienza (almeno 15 anni) di traduttore dell'Antico Testamento, che sarà accolta in tutto l'Occidente come la Volgata. Cfr. la voce *Giròlamo, santo* in *Dizionario*, *cit.*, p. 425.

[85] Cfr. *Ibidem*.

> [...] & hac conclusionem multis fundamentis confirmat d.[ominus] Card.[inalis]Thomas de Vio in 2.parte su[a]e Apologiae.c.[apituli]13.& 14. vbi respondet fundamentis quorundam contrarium sentientium[86].

Mostra, invece, di voler attenuare – almeno in parte – i toni, dichiarando

> Sed q[u]a aliqui nimis animose defendunt,cp non est necessario crede[n]dum determinatis a summo Po[n]tifice: ideo non auderem dicere,aliquem de haeresi & pertinacia conuinci, credentem vel afferentem summum Pontificem cum suo collegio Cardinalium in ijs quae fidei sunt errare posse. Putarem tamen esse valde temerarium & castigatione dignum,asserere contrarium, cum esset in depressionem tantae maiestatis. arg.[umentum] c.[apituli]I. de maledicis [...][87].

Rimettendo, più avanti, al concilio la decisione in merito a discussioni sulla fede:

---

[86] "[...] e il signor Cardinale Tommaso de Vio conferma tale conclusione con molti princìpi, nella seconda parte della sua Apologia, capitoli 13 e 14, dove ribatte ai princìpi di alcuni che ritengono il contrario". A. Albertinus, *op. cit.*, c. 103 rb e T. De Vio, *Apologia...*, ivi citata.

[87] "Ma, per quanto alcuni rivendicano troppo animosamente, non si deve necessariamente affidarsi alle questioni regolate dal sommo Pontefice: perciò, non oserei affermare che si dimostra colpevole per eresia e ostinazione qualcuno, che reputa e sostiene che il sommo Pontefice, col suo collegio di Cardinali, possa sbagliare nelle materie che sono di fede. Riterrei, tuttavia, essere molto sconsiderato e meritevole di rimprovero asserire l'opposto, essendo allo scopo di abbassamento di una così grande maestà; argomento del capitolo I sulle maldicenze [...]". A. Albertinus, *op. cit.*, c. 103 rb.

> Et dicunt aliqui, cp quando qu[a]estio est de fide, huius materia est ad summum Pontificem deferenda; non vt ferat sententiam, sed vt concilium congreget, & concilium indefectibiliter sententiabit[88].

Il ruolo dei Cardinali nell'operato del Papa

Infine, Albert – sempre per rimarcare il principio dell'inerranza papale – sottolinea come decisiva, per il buon operato del Pontefice, l'influenza dei Cardinali nella regolazione di materie di fede: «*Papa determinans aliquid in ijs qu*[*a*]*e sunt fidei tanquam Papa cum assensu dominorum Cardinalium, errare non potest*»[89]. Specificando il concetto, rivendica comunque il primato pontificio e dopo cita nuovamente la preghiera di Cristo per Pietro:

> Ego tamen salua determinazione S.[uae] R.[reverendissimae] E.[minentiae] tenerem, semper standum esse determinationi summi Pontificis circa ea quae in causis fidei ipse authoritate sui officij, cum Reueren.[dorum]dominorum Cardinalium senatu decideret; & non posse tantam sanctitatem in ijs errare: quia specialiter Petro eiusq[ue]; successoribus dictum est a Christo. Oraui pro te Petre, vt non deficiat fides tua[90].

---

[88] "E alcuni dicono [che] quando vi è discussione intorno alla fede, il tema di questa deve essere riferito al sommo Pontefice; non perché egli esponga il suo parere, ma affinché riunisca il concilio, e il concilio sentenzierà indefettibilmente". *Ibidem*.

[89] "Regolando il Papa qualcosa nelle materie di fede, così come Papa, con l'approvazione dei signori Cardinali, non può sbagliare". A. ALBERTINUS, *op. cit.*, c. 101 vb.

[90] "Io, tuttavia, intenderei – senza violare il limite di Sua Reverendissima Eminenza – che ci si debba attenere sempre alla regola del sommo Pontefice, riguardo a quelle cose che decidesse sulle questioni di fede,

Ma, inaspettatamente, sembra contraddire parte delle osservazioni prima formulate, quando asserisce

> intelligendo de errore iudiciali; secus de errore personali: quia ipse Papa hereticus potest esse, & de h[a]eresi damnari potest, prout multi Pontifices heretici fuerunt[91].

A maggior conforto delle sue argomentazioni, conclusivamente, riporta il parere espresso dal giurista Decio nel consulto numero 151:

> A nemine iudicadus est nisi deprehendatur a fide deuius, vt late tradit Deci.[us] in consi.[lio] 151, maximi ponderis.col.[umna]2. & dixi in repetitione cap.[ituli] I. de haereticis. lib.[ro] 6. q.[uestione]16[92].

Filippo Decio, nato nel 1454 a Milano[93], nel 1471 intraprese a Pavia gli studi giuridici sotto la guida del fratello Lancellotto, che lì teneva una cattedra civilistica. In ambito

---

tramite l'autorità stessa della sua carica, con l'assemblea dei Reverendi signori Cardinali; e che una così grande santità non possa sbagliare in tali casi: perché specialmente a Pietro e ai successori del medesimo fu detto da Cristo *Pregai per te, Pietro, affinchè la tua fede non venga meno* [...]". Cfr. A. ALBERTINUS, *op. cit.*, c. 103 rb.

91 "[...] intendendo a causa di errore giudiziale; altrimenti, a causa di errore personale: perché il Papa stesso può essere eretico, e può essere condannato per eresia, come molti Pontefici furono eretici [...]". *Ibidem.*

92 "[...] Da nessuno è condannato se non viene sorpreso errabondo dalla fede, come diffusamente narra Decio nel consulto 151, di grandissimo peso la colonna 2., ed esposi in una ripetizione del capitolo I sugli eretici, libro 6., questione 16. [...]". *Ibidem.*

93 Cfr. la voce *DECIO*, FILIPPO a cura di A. MAZZACANE in *Dizionario biografico degli italiani* 33: D'Asaro-De Foresta, Istituto della Enciclopedia italiana, Roma, 1987, p. 554.

accademico si mise in evidenza per le sue capacità oratorie e la sua *vis polemica*, attitudine conservata anche in seguito[94].

La prima opera, *Super rubrica de probationibus*, vide la luce a Pescia nel 1490[95]. Contestualmente, a partire da allora, Decio si dedicò a un imponente lavoro di consulente, che lo qualifica fra i maggiori esponenti della «età dei *consiliatores*». Tra i suoi *Consilia*, ne vennero pubblicati centocinquanta a Venezia nel 1508[96]. Infine, una monumentale raccolta ne raggruppò settecento in quattro tomi editi sempre a Venezia. La loro fortuna è testimoniata, tra l'altro, da molteplici edizioni curate durante il XVI secolo da figure illustri, come Charles Du Moulin[97]. Quest'ultimo[98] curò una raccolta postuma di *Consilia* – tra cui il numero 151 – da lui annotati, i quali nel 1570 furono oggetto di espurgazione[99].

Sensibile alle questioni di riforma della Chiesa sollevate dai sostenitori del concilio, nel 1511 – su incarico di Luigi XII (che lo aveva nominato Consigliere del Parlamento in

---

[94] Cfr. *Ivi*, p. 555.

[95] Cfr. *Ibidem*.

[96] Cfr. *Ibidem*.

[97] Cfr. *Ibidem*.

[98] Charles Dumoulin (Molinaeus), nato a Parigi nel 1500, fu per qualche tempo avvocato nel Parlamento di Parigi; in seguito si dedicò alla vita scientifica (per la quale era più versato). Giureconsulto eclettico ma di carattere polemico, prese parte alle lotte religiose e al movimento giurisdizionalista della Francia del suo tempo, scelta che gli costò una vita travagliata e la messa all'Indice delle sue opere (in alcune delle quali attacca la Curia romana e la recezione dei canoni del Concilio di Trento, oltre che la fondazione delle scuole dei Gesuiti). Cfr. la voce DUMOULIN CHARLES in *Novissimo Digesto italiano* 6: DIT-FALL, Unione tipografico-editrice torinese, Torino, 1960, p. 324.

[99] Ciò avvenne a opera del maestro del Sacro Palazzo *fray* Tomàs Manrique, per incarico della commissione costituita nel 1568. Sul punto, cfr. la densa ricostruzione di V. LAVENIA, *Il papa eretico*, *cit.*, p. 228.

Francia) e dell'imperatore Massimiliano – redasse un *Consilium* (il noto consulto numero 151, edito a Pavia per Jacopo da Borgofranco, a cui Albert si riferisce nel testo) che rappresentò il fondamento giuridico del consesso, costituendo nel tempo un riferimento necessario per i conciliaristi. In esso Decio esaminava alcuni temi-chiave molto dibattuti nel corso della storia della Chiesa cattolica[100]. Ad ogni modo, sostenne che il concilio poteva giudicare un papa[101]. Inoltre, egli rafforzò le proprie posizioni a favore del concilio[102]. Il suo destino, così, era ormai irrimediabilmente congiunto alle vicende conciliari[103].

[100] In primo luogo, se il Papa possa essere accusato, qualora sia incorreggibile in un crimine per il quale la religione cristiana abbia subito uno scandalo; in secondo luogo, se il Papa rimanga efficacemente obbligato a ciò che promise con voto e giuramento; la terza questione riguardava se in detti casi e in casi simili il Concilio generale sia giudice contro il Papa («Prima erit an Papa accusari possit si incorregibilis sit in crimine pro quo religio Christiana scandalum patiatur. Secunda, an Papa efficaciter obligetur ad illud quod cum voto et iuramento promisit, ita quod seipsum absolvere non possit. Tertia quaestio erit si in dictis casibus et similibus casibus Concilium generale sit iudex contra Papam»). Cfr. *Acta primi concilii*, p. 72 in A. Mazzacane, *op. cit.*, p. 557. A questi tre interrogativi Decio rispondeva in senso affermativo, utilizzando argomentazioni di puro diritto; tale scelta mirava a conferire al parere una veste di ortodossia. Cfr. A. Mazzacane, *op. cit.*, p. 557.

[101] A meno che questi non preferisse domandare umilmente perdono ai prelati per le sue colpe, accettando la procedura della *correctio fraterna*. Cfr. V. Lavenia, *Il papa eretico*, *cit.*, p. 229.

[102] Decio, infatti, difese la legittimità della convocazione da parte dei padri come singoli. Cfr. A. Mazzacane, *op. cit.*, p. 558.

[103] Cfr. *Ibidem*.

POSTFAZIONE

Eresia e fede

Colpisce subito l'attenzione del lettore lo spazio notevole riservato nel testo alle note e alla bibliografia. Un libro nel libro. Un elemento importante, questo, che testimonia l'onestà intellettuale dell'autore e la sua documentata indagine. Per questo motivo ogni pagina "priva" Nunzio Cillo della possibilità di esprimere un giudizio personale e, nel contempo, lo "elegge" quale accreditata e imparziale guida nel viaggio di una ipotesi (nel caso specifico l'eresia del papa), attualmente più che mai di grande attualità e discussione in presenza di papa Francesco e della sua rivoluzionaria (autentica) idea divina e terrena della Chiesa.

Di certo il testo vuole pazienza e cura. Non si offre a tutti. Questa sua connotazione elitaria, pur inevitabile per la trattazione stessa e la scientificità del taglio, non lo riduce ad arido elenco di date, a folla di passi in latino: l'autore sa ben intrecciare i momenti tecnici con interessanti descrizioni di personaggi e ambienti attraverso una scrittura lineare e agile, che tende a parlare di "cose e fatti" senza alcuna pretesa retorica. Tale struttura occupa un ruolo delicato nel libro, in quanto alterna indagine a narrazione, e regge con efficacia tutto l'impianto, rendendolo idoneo per una lettura puntuale, stimolante e anche curiosa. Tale meccanismo è dovuto alla partecipazione sentita dell'autore verso un argomento e una ricerca, che lo coinvolgono come uomo e come studioso. Di qui lo *studium* di Ciullo si manifesta nella duplice entità di analisi e di amore.

È necessario, a questo punto, "entrare" nel testo e tentare di coglierne i passaggi più significativi. Utile è l'accenno alle liste dei libri proibiti per comprendere sia il clima conservatore e reazionario instaurato dalla Controriforma e, in particolar modo, sia la diffusione dei trattati giuridici. In tale ambito si inseriscono il *Tractatus universi iuris* e il *Tractatus de haeresi*. Si innestano le "questioni sulle ipotesi di un papa eretico – *Papa licet promoveri, et eligi no(n) possit si hereticus, t(ame)n si eligatur valet* –" (p. 24). Il Papa nella dimensione umana e in quella di vicario di Cristo; il Papa e la sua infallibilità. Ciullo, quindi, propone un'ampia letteratura storiografica a riguardo e presenta quale punto di partenza e di discussione Arnau Albert (Arnaldo Albertini). Personaggio, questi, di forte impatto. Giurista, in Sicilia "*viceré vicario di Ferrante Gonzaga, vescovo di Patti e inquisitore dell'isola*" (p. 54) redasse il *Tractatus de agnoscendis assertionibus catholicis et haereticis* pubblicato postumo nel 1554 e inserito nel *Tractatus universi iuris*, vol. XI.2.

Lo studio, intanto, procede e si snoda anche lungo vari rami, quali il contrasto tra Guglielmo d'Occam e Arnaldo Albertini, il ruolo nella questione di personaggi di rilievo (il cardinale Tommaso De Vio, i papi Anastasio II e Silvestro II), la presenza di tematiche di ampio respiro (la stregoneria e la persecuzione degli ebrei). Insomma, ci si trova di fronte a un'architettura articolata, che regge l'indagine di Ciullo e ne rende solida l'impostazione scientifica.

Quando si giunge all'ultima pagina resta un dubbio. L'eresia è una scelta (dal greco *αίρεσις,* afferrare o anche scegliere) oppure una opinione gravemente errata o discordante dalle tesi più accreditate? La scelta è una via di libertà, indirizzata al raggiungimento del bene (altrimenti è arbitrio, manipolazione, interesse privato). Nella religione essa non sempre è ben accolta, paradossalmente. Entra in conflitto con l'assolutismo. Papa Francesco è un eretico, la Chiesa un potere.

Il primo un uomo di eccezionale amore e fede, la seconda una istituzione di discutibile messaggio cristiano ed etico. Il lavoro di Ciullo impone una riflessione e si cala in un disagio spirituale contemporaneo. Vivere e amare sono un unico respiro *eretico*, che tenta di vibrare nell'asma asfissiante di un quotidiano convulso. L'eresia è proprio questa lotta naturale, la voce più chiara di un canto umano.

Prof. Domenico Pisano
(Docente di Italiano e Latino)

BIBLIOGRAFIA

A. Albertinus, *TRACTATUS DE AGNOSCENDIS ASSERTIONIBUS CATHOLICIS, ET HAERETICIS IN TRACTATVS ILLUSTRIVM IN VTRAQUE TVM PONTIFICII, TVM CAESAREI IURIS facultatem Iurisconsultorum, De Iudicijs Criminalibus S. Inquisitionis. EX MVLTIS IN HOC VOLVMEN CONGESTI, additis plurimis, etiam numquam editis, hac nota designatis; & multo, quàm antea, emendatiores redditi; Summariys singulorum Tractatuum locupletissimis illustrati. INDIC [...] ACCESSERE ITA LOCVPLETES, ut omn [...] quae sparsim leguntur, facillimè distinctae Lectoribus appareant.* TOMI XI. Pars II. VENETIIS, MDLXXXIIII (fa parte dei *Tractatus vniuersi iuris, duce, & auspice Gregorio 13. Pontifice Maximo, in vnum congesti: additis quamplurimis antea nunquam editis, ... 18. materias, 25. voluminibus comprehendentes. Praeter summaria singulorum tractatuum, accessere locupletissimi indices, ita distincte, et ordinate compositi, vt lector materias omnes, temere ante hac sparsas, artificiosa distributione sub vno quasi adspectu positas contueri possit.* Tomi XI, Pars II – Venetiis: Societas Aquilae se renovantis, 1584-1586).

M. Bartoli, *Olivi e l'infallibilità pontificia* in *Bullettino dell'Istituto storico italiano per il Medio Evo e archivio muratoriano* – Istituto storico italiano per il Medio Evo, 1994.

M. Battaglini, *Istoria vniuersale di tutti i concilij generali, e particolari celebrati nella Chiesa (In questa seconda edizione accresciuta di quattrocentotrè Concilij, e di alcune risposte à gli argomenti, che da' medesimi concilij hà tratti contro la Santa sede apostolica Luigi Memburgh)* – In Venezia: presso Andrea Poletti, all'Italia, 1689.

P. Bertolini, voce *ANASTASIO II, papa* in *Dizionario biografico degli italiani* 3: Ammirato-Arcoleo, Istituto della Enciclopedia italiana, Roma, 1961.

A. Borromeo, *Gregorio XIII* in *Enciclopedia dei papi* 3: Innocenzo VIII-Giovanni Paolo II, Istituto della Enciclopedia Italiana, Roma, 2000.

J. M. Bover, *Biblioteca de escritores baleares*, I, J. P. Gelabert, Palma de Mallorca, 1868.

G. M. Cantarella, *Il papato: riforma, primato e tentativi di egemonia* in *Storia medievale*, Donzelli Editore, Roma, 1998.

G. Capasso, *Il governo di Don Ferrante Gonzaga in Sicilia dal 1535 al 1543*, in *Arch. Stor. Siciliano*, N. S. Anno XXX-XXXI, Scuola tip. "Boccone del povero", Palermo, 1906.

L. Carerius, *TRACTATUS DE HAERETICIS* in *TRACTATVS ILLUSTRIVM IN VTRAQUE TVM PONTIFICII, TVM CAESAREI Iuris facultatem Iurisconsultorum, De Iudicijs Criminalibus S. Inquisitionis. EX MVLTIS IN HOC VOLVMEN CONGESTI, additis plurimis, etiam numquam editis, hac nota designatis; & multo, quàm antea, emendatiores redditi; Summariys singulorum Tractatuum locupletissimis illustrati. INDIC [...] ACCESSERE ITA LOCVPLETES, ut omn [...] quae sparsim leguntur, facillimè distinctae Lectoribus appareant.* TOMI XI. Pars II.

VENETIIS, MDLXXXIIII (fa parte dei *Tractatus vniuersi iuris, duce, & auspice Gregorio 13. Pontifice Maximo, in vnum congesti: additis quamplurimis antea nunquam editis, ... 18. materias, 25. voluminibus comprehendentes. Praeter summaria singulorum tractatuum, accessere locupletissimi indices, ita distincte, et ordinate compositi, vt lector materias omnes, temere ante hac sparsas, artificiosa distributione sub vno quasi adspectu positas contueri possit.* Tomi XI, Pars II – Venetiis: Societas Aquilae se renovantis, 1584-1586).

P. CARMINATI, *Riflessioni apologetiche sopra la podestà del sommo Pontefice contra l'autore delle Istruzioni intorno la Santa Sede, di Pietro Carminati veneto*, presso Francesco Pitteri, Venezia, 1766.

A. CARRASCO ROUCO, *Ministero petrino e sinodalità* in *L'unità nella Chiesa universale. Il ministero del Papa*, Rivista Internazionale di Teologia e Cultura 'communio' (Jaka Book, Milano) – nr. 116, marzo-aprile 1991.

G. COLLI, in *Per una bibliografia dei trattati giuridici pubblicati nel XVI secolo II: Bibliografia delle raccolte. Indici dei trattati non compresi nei Tractatus Vniuersi Iuris*, Viella, Roma, 2003 (Ius Nostrum, 28).

G. COLLI, *Per una bibliografia dei trattati giuridici pubblicati nel XVI secolo.* II: *Bibliografia delle raccolte. Indici dei trattati non compresi nei Tractatus Vniuersi Iuris*, Viella, Roma, 2004 (Ius Nostrum, 28).

G. COLLI, *Le edizioni dell'*Index librorum omnium iuris civilis et pontificii *di Giovanni Battista Ziletti. Sulle tracce dei libri giuridici proibiti nella seconda metà del XVI sec.* in *Manoscritti, editoria e biblioteche dal medioevo all'età* *contemporanea. Studi offerti a Domenico Maffei per il suo ottantesimo compleanno*, a cura di Mario Ascheri – Gaetano Colli, con la collaborazione di Paola Maffei, Roma nel Rinascimento, Roma, 2006.

E. Colombo in *Dizionario storico dell'inquisizione* diretto da A. Prosperi; con la collaborazione di V. Lavenia e J. Tedeschi, Edizioni della Normale, Pisa, 2010.

A. M. de Liguori, *Verità della fede. Opera data fuori dall'illustriss. e reverendiss. monsig. D. Alfonso de Liguori... Nella parte 1. si parla contra i materialisti, che negano l'esistenza di Dio. Nella parte 2. si parla contra i deisti, che negano la religione rivelata.* [...] Tomo primo [-secondo] – Nella stamperia di Bassano: a spese Remondini, 1767.

R. De Mattei, *Quale Papa dopo il Papa*, Edizioni Piemme, Casale Monferrato (AL), 2002.

P. Di Gesaro, *Streghe: l'ossessione del diavolo, il repertorio dei malefizi, la repressione*, Praxis 3, Bolzano, 1988.

G. Durand (1230-1296), *Rationale diuinorum officiorum: quibuscumque sacerdotibus: ac singulis sacramentorum: & eorum que in ecclesiasticis aguntur officijs rationes scire cupientibus perutile: editum per reuerendum patrem dominun Guilelmum Durantum... Prater tabulam rubricarum adiecta est nuperrime et altera praecipuarum materiarum totius operis*, Impressum Venetiis: per Dominicum Zilium & fratres veneti, 1540.

A. Errera, *Processus in causa fidei: l'evoluzione dei manuali inquisitoriali nei secoli XVI-XVIII e il manuale inedito di un inquisitore perugino*, Monduzzi, Bologna, 2000.

C. FANTAPPIÈ, *Introduzione storica al diritto canonico*, Il Mulino, Bologna, 1999.

M. FOIS, *L'ecclesiologia del conciliarismo* in *Archivum historiae pontificiae*, 42, Pontificia universitas Gregoriana (Facultas historiae ecclesiasticae), Romae, 2004.

S. GANDOLFI, *Aggiunta alla dissertazione che ha per titolo l'infallibilità del Papa quando decide ex cathedra in materia di fede del canonico don Stefano Gandolfi*, dai tipi Benacci, Imola, 1829.

C. A. GARUFI, *Contributo alla storia dell'inquisizione di Sicilia nei secoli XVI e XVII*, Scuola tip. "Boccone del povero", Palermo, 1920.

N. GIARDINA, *Patti e la cronaca del suo vescovato*, Tip. arciv. S. Bernardino, Siena, 1888.

V. LAVENIA, *L'infamia e il perdono: tributi, pene e confessione nella teologia morale della prima età moderna*, Il Mulino, Bologna, 2004.

V. LAVENIA, *Il papa eretico. Per una storia della sovranità dei pontefici*, in *Riti di passaggio, storie di giustizia. Per Adriano Prosperi*, vol. III, Edizioni della Normale, Pisa, 2011.

V. LAVENIA, voce *Albert, Arnau* in ADRIANO PROSPERI, *Dizionario storico dell'inquisizione* diretto da Adriano Prosperi; con la collaborazione di Vincenzo Lavenia e John Tedeschi, Edizioni della Normale, Pisa, 2010.

H. LEGRAND, *Primato e collegialità al Vaticano II. Valutazione ecumenica di una formulazione dottrinale incompiuta* in *Il ministero del Papa in prospettiva ecumenica: atti del Colloquio: Milano, 16-18 aprile 1998* / a cura di A. Acerbi, Vita e pensiero (Pubblicazioni dell'Università Cattolica), Milano, 1999.

E. Le Noble, *Istruzioni intorno la Santa Sede tradotte dal francese*, per Guglielmo Evrardi, Buglione, 1765.

S. Malavasi, *Tra diavolo e acquasanta: eretici, maghi e streghe nel Veneto del Cinque-Seicento*, Minelliana, Rovigo, 2005.

R. Manselli, *Il caso del papa eretico nelle correnti spirituali del secolo XIV*, "Arch. Filos." 1970.

E. Marigliano, M. Zorzin, *Medioevo in monastero: vita quotidiana in un'abbazia del XII secolo: storia, storie e figure di grandi monaci*, Ancora, Milano, 2001.

A. Mazzacane, voce *DECIO*, Filippo in *Dizionario biografico degli italiani* 33: D'Asaro-De Foresta, Istituto della Enciclopedia italiana, Roma, 1987.

I. Mereu, *Storia dell'intolleranza in Europa*, Tascabili Bompiani, Milano, 2000.

M. S. Messana, *Inquisitori, negromanti e streghe nella Sicilia moderna, 1500-1782*, Sellerio, Palermo, 2007.

L. A. Muratori e altri, *Lettere inedite di Lodovico Antonio Muratori scritte a Toscani dal 1695 al 1749 / raccolte e annotate per cura di Francesco Bonaini...* [*et al.*], F. Le Monnier, Firenze, 1854.

A. Muzzarelli, *L'Emilio disingannato: dialoghi filosofici/opera del conte Alfonso Muzzarelli; arricchita d'illustrazioni varie per cura della Pia Associazione*, VIII, dalla tipografia Gattei, Venezia, 1828.

A. Paravicini Bagliani, *Il corpo del papa*, G. Einaudi, Torino, 1994.

A. Paravicini Bagliani, *Il corpo del papa*, G. Einaudi, Torino, 1994.

M. Petitdidier, *Trattato teologico dell'autorità, ed infallibilità de' papi, composto dal padre d. Matteo Petitdidier... Dissertazione storica, e teologica in tal proposito fatta dallo stesso autore. I caratteri dell'errore ne' difensori di Giansenio, e di Quesnellio. Opere date alla luce da un'abate cisterciense*, stamperia di Antonio de'Rossi, Roma, 1731.

P. Prodi, *Il sovrano pontefice: un corpo e due anime: la monarchia papale nella prima età moderna*, Il Mulino, Bologna, 1998.

P. Prodi, *Una storia della giustizia: dal pluralismo dei fori al moderno dualismo tra coscienza e diritto*, Il Mulino, Bologna, 2000.

A. Prosperi, *Tribunali della coscienza: inquisitori, confessori, missionari*, Einaudi, Torino, 1996.

J. M. H. Reid, L. Poggi, voce *Silvestro II PAPA* in *Dizionario della letteratura francese*, Gremese Editore, Roma, 2002.

F. Renda, *Storia della Sicilia dalle origini ai giorni nostri 2: Da Federico 3. a Garibaldi*, Sellerio, Palermo, 2003.

G. Romeo, *Inquisitori, esorcisti e streghe nell'Italia della Controriforma*, Sansoni, Firenze, 1990.

G. A. Sangallo, *Dello stato della chiesa e legittima potestà del romano pontefice dal medesimo sostenuta conforme l'antica tradizione; libro apologetico contro il nuovo sistema dato alla luce da Giustino Febronio J. C. per conservare nell'unione i fedeli, e disingannare gli eretici composto da un francescano min. conventuale...*, presso Tommaso Bettinelli, Venezia, 1766.

J. A. Santolaria de Puey Y Cruells, *Che cosa succede quando muore il Papa*, Piemme, Casale Monferrato, 2000.

F. Guglielmo Savagnone, *Concili e sinodi in Sicilia*, Stabilimento Tipo-Litografico dell'Impresa Generale d'Affissione e Pubblicità già Filippo Barravecchia e F.o, Palermo, 1910.

L. Schettini, *Dell'autorità de' Sovrani. Dissertazione contra la ingiuriosa, sediziosa e sacrilega teoria di Nicola Spedalieri nell'opera intitolata De' Diritti dell'Uomo*, presso Filippo Raimondi, Napoli, 1792.

G. Semprini, voce *OCCAM GUGLIELMO (di)* in *Novissimo Digesto italiano* 11: N-ORA, Unione Tipografico-Editrice Torinese, Torino, 1965.

E. Stöve, voce *De Vio, Tommaso* in *Dizionario biografico degli italiani* 39: Deodato-Di Falco, Istituto della Enciclopedia italiana, Roma, 1991.

B. Tierney, *L'infallibilità e i canonisti medievali. Risposta di Brian Tierney* in *Rivista di storia della Chiesa in Italia*, XXIX, Herder, Roma, 1975.

P. Urbani, *Manuali e raccolte ad uso degli inquisitori*, in *Inquisizione e Indice nei secoli XVI-XVIII. Testi e immagini nelle raccolte casanatensi*, a cura di A. A. Cavarra, Biblioteca casanatense, Roma, 1998.

S. Vacca, *Prima sedes a nemine iudicatur: genesi e sviluppo storico dell'assioma fino al decreto di Graziano*, Pontificia università gregoriana, Roma, 1993.

M. Valente, *Johann Wier: agli albori della critica razionale dell'occulto e del demoniaco nell'Europa del Cinquecento*, L. S. Olschki, Firenze, 2003.

G. van Gulik, C. Eubel, *3: Saeculum 16.*, in *Hierarchia catholica...*, sumptibuset typis Librariae Regensbergianae, Monasterii, 1923.

F. A. Zaccaria, *Anti-Febbronio (di Francescantonio Zaccaria della Compagnia di Gesù) o sia Apologia storico-polemica del primato del Papa già consacrata alla santità di Clemente XIII - Edizione seconda notabilmente accresciuta.* Tomo primo (-quarto), per Gregorio Biasini all'insegna di Pallade, Cesena, 1770.

R. Zapperi, *Dizionario biografico degli italiani*, III, Istituto della enciclopedia italiana, Roma 1960.

Dizionario biografico degli italiani 42: Dugoni-Enza, voce *DURAND*, Guillaume, Istituto della Enciclopedia italiana, Roma, 1993.

Dizionario enciclopedico italiano, 5: Forg-Ido, voce *Guglièlmo di Occam (o Ockham)*, Istituto della Enciclopedia italiana (fondata da Giovanni Treccani), Roma, 1956.

Dizionario enciclopedico italiano 5: Forg-Ido, voce *Giròlamo, santo*, Istituto della Enciclopedia italiana, Roma, 1970.

Dizionario enciclopedico italiano, 6: Idr-Lieb, voce *Isaia*, Istituto della Enciclopedia italiana (fondata da Giovanni Treccani), Roma, 1970.

Dizionario enciclopedico italiano 11: Sci-Tat, voce *Silvestro II PAPA*, Istituto della Enciclopedia italiana, Roma, 1961.

Dizionario enciclopedico italiano, 12: Tau-Z, Istituto della Enciclopedia italiana, Roma, 1970.

Enciclopedia Italiana di scienze, lettere ed arti, 22: Malc-Messic, voce *MATTEO, santo*, Istituto della Enciclopedia italiana, Roma, 1951 (Rist. fotolitica dell'ed. del 1934).

Enciclopedia Italiana di scienze, lettere ed arti, 25: Novg-Palen, voce *Occam (o Ockham) Guglielmo di*, Istituto della Enciclopedia italiana, Roma, 2009 (Ripr. fotolitica dell'ed. del 1935).

Enciclopedia italiana, 34: Topo-Ved, voce *UGO detto Candido* – Rist., Istituto della Enciclopedia italiana, Roma, 2005.

Novissimo Digesto italiano 6: DIT-FALL, voce Dumoulin Charles, Unione tipografico-editrice torinese, Torino, 1960.

IL SECOLO BREVE DI SAN MANGO SUL CALORE E IL TERREMOTO DEL 23 NOVEMBRE 1980

a cura di Nicola De Blasi, Fiorenzo Iannino

2020, pp. 256, € 18,00

FRANCESCO SCANDONE

Biografia intellettuale e storico-critica

di Mario Garofalo

2020, pp. 128, € 12,00

Abbonamenti

Per il 2021, Italia ed estero, € 50; Digitale, € 20

Bonifico bancario
(IBAN: IT43X0306915102100000004716)
Paypal (ilterebintoedizioni@libero.it)

www.ingramcontent.com/pod-product-compliance
Ingram Content Group UK Ltd.
Pitfield, Milton Keynes, MK11 3LW, UK
UKHW042015190726
13854UKWH00005B/2301

9 788831 340373